일본에 노벨과학상이 많은 진짜 이유

강철구 지음

일본에 노벨과학상이
많은 진짜 이유

강철구 지음

어문학사

❖

필자는 2017년부터 두산연강재단에서 실시하는 해외시찰의 사전 강의를
진행해 왔다. 특히 2019년부터는 '올해의 과학교사상'을 수상한
과학 선생님들을 대상으로 '일본의 과학기술과 노벨 과학상을 받은 일본'에
대한 주제로 강의를 준비했었다. 그러던 중 한국과 일본의 기초과학에 대한
역사의 차이, 기초과학의 접근 방법 등에서 우리가 참고할 만한
콘텐츠가 많다는 것을 알게 되었다. 이러한 자료를 수집하고 정리하여
이번에 대중서적을 출간할 수 있게 된 것이다.

책을 집필하기까지 동기를 부여해주시고 격려해주신
박용현 두산연강재단 이사장님께 이 글을 빌려 감사의 말씀을 전한다.

♦ 일러두기

ⅰ 일본어는 외래어 표기법을 따르지 않고 최대한 원어민 발음으로 표기했다.
ⅱ 본문에 나오는 한자는 신자체(新字体)를 사용하였다.
ⅲ 일본의 노벨상 수상자는 미국적 포함 총 29명이지만, 본 저서에서는 문학상 3인과 평화상 1인은
  언급하지 않고 있다.

노벨상 수상자,
29명이라니!

일본의 과학기술 수준은 한국 입장에서 볼 때 고산준봉(高山峻峯)을 방불케 할 정도로 높이 솟아 있다. 실제로 일본은 자신들의 과학기술을 자랑하는 책에서도 일본이 아시아에서 서구식 과학기술을 건설한 유일한 나라라고 자부할 정도로 자신감도 강하다. 이러한 자신감의 근거는 메이지유신(1868) 이후 일본 과학계를 이끈 지도자들의 열정과 이를 실행하고자 했던 관료들, 그리고 장인정신으로 무장한 연구자들로부터 출발한다.

이렇게 일본이 과학기술에 국가적 심혈을 기울였던 이유는 메이지유신 이후 서구 열강들의 식민지 지배 과정을 지켜보면서 일본이 그렇게 당하지 않기 위한 방법은 오로지 부국강병이 절대적이란 것을 뼈저리게 느꼈기 때문이다. 식민지를 지배할 만한 군사력도 결국은 고도의 과학기술에서 나오는 것이 아니겠는가?

그래서 일본이 선택한 방법은 서구의 과학기술을 무수정 도입한 후 국가가 주도하여 이를 응용하고 개량하는 과정을 거쳐 일본화하는 것이다. 그 결과 일본은 아시아 최초로 근대국가에 진입하고는 열강 국가에 편입하여 조선을 식민지 지배하고 제2차 세계대전까지 일으켰으며, 1945년 패전 이후에는 잿더미가 된 본토에서 과거의 영광을 되찾으며 세계 제2의 경제대국으로 또다시 우뚝 섰다. 이때도 역시 구미 선진 기술을 적극 도입하면서 모방과 흡수, 그리고 개량과 창조 과정을 거치는 기술발전 패러다임을 통해 선진국 대열에 진입하였고, 1970년대 창조적 자주개발시대를 거치면서 독자적인 과학기술을 보유한 결과 오늘날 아시아 최고의 노벨 과학상 수상자들을 쏟아낼 수 있었던 것이다.

부국이 되기 위한 선제 조건은 무엇일까? 과학기술을 이끌어 나갈 정부의 리더십과 고도 인재, 그리고 기업을 통한 기술력이 절대적이라고 본다. 여기에 더해 일본은 근대적인 과학기술을 육성하기 위해 체계적인 교육의 필요성을 실감하고는 이를 뒷받침하기 위한 발판으로 초중고 교과 과정부터 과학기술을 가르치고 보급시켜야 한다는 결론을 내렸다. 사실 우리나라나 일본처럼 천연자원은 빈약하고 유효 인구는 많은 국가의 미래는 과학기술의 진흥이 부국이 되기 위한 결정적 요소이기도 하다. 그리고 그 기반은 결국 과학 교육을 통해 창조적이고 재능있는 우수 인재를 양성할 수 있도록 제도를 갖추어 나가야 이룰 수 있음은 두말할 필요도 없겠다.

여기에서 필자는 일본의 기초과학 육성과 관련하여 두 개의 키워드를 언급하고 싶다. 첫째는 1995년 제정된 '과학기술기본법'이다. 일본은 이 법에 따라 5년에 한 번씩 과학기술 기본 계획을 책정하고 정책적으로는 과학 분야를 집중적으로 육성하는 기본 틀을 확실하게 다져 놓았다. 둘째는 2001년에 마련한 '종합과학기술회의'(CSTP; Council for Science and Technology Policy)이다. 이는 과학 인재를 육성하고 새로운 첨단기술과 지식 개발을 지원하기 위해 만든 행정 체계와 제도이다. 본문에서 다시 다루겠지만, 아무리 뛰어난 인재가 있더라도 이를 뒷받침해 줄 제도와 인프라가 갖추어 있지 않으면 결과물이 나오기 어렵다.

자본력도 물론 중요하다. 연구자들에게 필요한 각종 시설과 첨단 기기를 확보하기 위해서는 투자가 절대적이다. 그래서 정부 관료와 정치인들은 원천기술이 여기에서 나온다는 인식을 가져야 한다. 그리고 이를 지원할 때에는 생색내듯 해서는 안 될 것이다. 핵심 기술을 선진국에 의존하다 보면 기술의 종속화가 진행될 염려가 있고, 여기에 익숙해지면 과학기술 경쟁에서도 우위를 확보하기 어렵기 때문이다.

2019년 7월, 한국은 일본의 수출규제(수출관리)를 경험하지 않았던가? 당시 반도체 및 디스플레이에 필요한 불화수소, 불화폴리이

미드, 그리고 EUV레지스트 등 3개의 핵심 품목에 대해 일본이 수출규제를 한 것 때문에 한국 경제가 무너지는 줄 알고 온 나라가 긴장하고 어수선했던 때를 기억해 보자. 다시 말하지만 단 3개의 품목이었을 뿐이다.

당시 예상치 못했던 일본의 부당한 조치에 대해 우리 정부는 외교 상호주의에 입각하여 강경하게 대응하는 한편, 한 달여 만에 추경 예산까지 편성하여 즉각적인 체계를 마련했고, 전략적으로는 소부장(소재·부품·장비) 산업의 기술 자립과 일본 의존도를 줄이기 위한 대책을 구축해 나갔다. 2.1조원 규모의 소부장 특별회계를 신설하고 소부장 특별법을 전면 개정하고, 범정부 차원의 단일 컨트롤타워인 '소부장경쟁력강화위원회'를 신설하는 등 소부장 관련 기업들을 정면 지원하며 대책을 꾸려 나갔던 기억이 생생하다. 돌이켜 보면 우리 정부를 믿고 따라준 기업, 그리고 국민들의 단합된 의지로 위기를 극복해내긴 했지만, 과학기술과 원천기술은 정신 승리만으로는 따라갈 수 없음을 뼈저리게 느끼게 만들었다.

이 책의 의도는 바로 이 지점에 있다. '정신 승리'만으로는 이길 수 없는 일본의 기술력은 어떻게 성장했는지, 그리고 어떻게 일본이 그렇게 많은 노벨과학상 수상자들을 배출했는지, 일본식 과학기술의 역사적 과정과 패러다임의 흐름이 어떻게 전개되어 왔는지를 제대로 분석해 본다면 우리나라가 기초과학을 체계적으로 준비하고 육성하는 데 있어 정책적 돌파구를 찾을 수 있지 않을까 하는 바람에서 출발했다.

150여 년 전에 일본이 그러했듯 우리나라 역시 한국전쟁 이후 서구 선진국의 원천기술을 도입해 응용 및 개발하는 모방형 연구를 추구해 왔고, 이는 어쩌면 과학기술의 불모지에서 선택할 수 있는 최상의 방법이었다고 위로할 수는 있다. 그러나 그 위로가 오늘날에까지 이어져서는 안 된다.

지금의 대한민국은 세계 10위권의 경제 대국이요, 4차 산업에서 필요로 하는 핵심 산업의 중심에 우뚝 서 있는 국가이다. 그런데도 여전히 선도 국가를 뒤따라가려고만 하는 캐치업(catch up) 경제를 추구해서야 되겠는가? 이제부터는 하드웨어만큼 소프트웨어에서도 선진 국가로서의 자리매김을 해야 할 때이다. 다른 국가들이 한국을 따라오도록 하기 위해서는 원천기술과 기초과학이 중요하다는 의미이다. 우리만의, 또는 새로운 과학기술의 독창성과 원천기술을 확보하기 위해 기초연구를 활성화하고 과학연구자들 개인의 풀뿌리 연구를 지원해주는 것은 당연한 절차이지만, 이에 걸맞은 제도와 문화가 뒤따라 주지 않는다면 연구 성과를 내기 힘들다.

그런 의미에서 일본의 기초과학 연구의 태동에서 시작해 노벨상 수상, 그리고 그들의 연구 환경과 제도적 뒷받침, 국민의식에 이르기까지 일본의 역량에 대해 알아보는 것은 의미 있는 작업이라고 할 수 있겠다. 아무래도 우리나라의 과학기술과 연구 환경이 서구보다는 일본과 유사하기 때문에 노벨상 수상자들의 교육 환경과 연구 풍토, 그리고 체계적인 행정 지원 시스템 등을 거시적인 안목에서 살펴본다면 향후 우리나라 과학기술의 발전에 도움이 될 만한 시사점이 분명 나오지 않겠는가? 그렇다고 해서 노벨상 우상주의에 빠지거나 노벨상 수상 자체에만 포커스를 맞춰 한국 사회의 부정적인 학력주의나 엘리트주의를 강조하는 우를 범하지는 않을 것이다.

　흔한 농담 중 하나가, 미국은 전문 직종인 구성비가 변호사 9인에 엔지니어 1인이라고 하지만, 일본은 엔지니어 9인에 변호사 1인이라고 할 만큼 기술을 강조하고 기술자를 대우해주는 사회적 분위기가 존재한다. 필자는 일본이 어떻게 해서 세계적 수준의 제조업 효율성과 기술 경쟁력을 갖추었는지, 그리고 이를 뒷받침해주는 원천기술을 통한 노벨상 수상자가 그렇게 많이 배출되었는지에 대한 근거를 여기에서 찾아보려고 한다. 이 책에서 일본이라는 프리즘을 통해 제시하고자 하는 목적이 바로 이것이다.

목차

제1장
일본 과학기술의 역사

1. 메이지(1868~1912)에서 〰〰〰〰〰〰〰〰〰〰〰〰〰 다이쇼 시대(1912~1926)까지

<표 1> 메이지~다이쇼 시대의 주요 과학기술 발전사

연도	이슈 및 내용
1850년	네덜란드와 프랑스에서 기술자 초빙, 제철소와 조선소 건설
1857년	소학교 개교(우리나라의 초등학교에 해당)
1871년	문부성 설치
1872년	동경사범대학 설립
1873년	케이오대학 설립(사립대), 소학교 입학율 28%
1874년	동경여자사범대 설립(외국인 교수 301명 초빙)
1875년	소학교 24,225개교(마을마다 1개교씩)
1877년	동경대학 설립 (1877~1883년간 영어로만 수업)
1881년	독일어 필수 제2외국어
1881년	메이지대학 설립
1882년	와세다대학 설립
1888년	동경대 일본 최초 박사학위 25명 배출
1899년	청일전쟁 배상금 중 1천만 엔을 보통교육진흥기금으로 사용
1907년	의무교육실시 취학율 98%, 초등 4년제에서 6년제로 개편
1917년	이화학연구소(리켄) 설립, 영재교육 실시

일본은 1854년 일찌감치 미국과의 화친조약 체결을 계기로 서구 문물을 받아들이기 시작했으며 1857년 소학교 설립으로 신교육을 시작했고, 이어 1868년 메이지유신(明治惟新)을 단행하면서 근대 국가의 틀을 구축했다. 이후 제국주의 정책으로 서구 열강과 대결하며 군사 기술을 비롯한 과학 기술 개발에 힘을 쏟았고, 이때 서양에 유학하고 귀국한 많은 젊은이들이 일본 기초과학을 세우는 주춧돌이 됐다.

막부는 서구 열강들에 비하면 지금까지 자신들은 세계의 움직임을 볼 수 있을 만큼의 시각을 갖지 못한 의식의 부재가 있음을 절실히 깨닫고는 우수한 인재를 선발하여 외국에 파견하기 시작해 메이지유신 전인 1867년까지 약 8년 사이에 260명을 서구 선진국으로 유학을 보냈다. 영국에만 86명, 미국에 80명, 그리고 프랑스에 55명이나 보냈고 프러시아에도 26명을 보냈다. *

막부에서만 보낸 게 아니다. 번(藩)에서도 보냈다. 초슈번(長州藩, 지금의 야마구치현)에서만 영국에 50명을 보냈다. 아직 사비 유학은 금지되었던 시절이었지만, 구미 열강과 맞서기 위해서는 선진 기술 습득이 절대적이라고 인식하고는 국법을 어겨가며 젊은 인재들을 영국으로 밀항시켜 유학을 보낸 것이다. 이러한 빠른 판단 덕분에 쵸

---

* 海溪昇(1968), 『お雇い外国人概説』, 鹿島研究所出版会

1. 메이지(1868~1912)에서 다이쇼시대(1912~1926)까지

슈에서는 메이지 신정부의 각료를 비롯하여 일본의 근대화에 크게 공헌했던 '쵸슈 파이브'(Choshu Five) *를 배출해 낼 수 있었던 것이다.

지금에 와서 뒤돌아보면 쵸슈번의 리스크 높은 선택의 결과는 쵸슈 파이브에 국한되지 않았고 아베 신조(安倍晋三, 1954~2022)를 비롯하여 역대 9명의 총리가 쵸슈에서 나왔으니, 일본의 근대화 초창기 리더들이 어떤 생각을 갖고 그림을 그렸는지에 따라 한 나라의 미래가 이렇게 달라질 수 있음을 기억해야 한다.

메이지유신 이후에도 서구를 배우고자 하는 열정은 식지 않았다. 1869년 1월부터 1871년 9월까지 유학생 수는 280여 명에 달했다. 그리고 유학을 마친 후 귀국한 이들은 초창기 구미 선진국 기술을 있는 그대로 무수정 도입하면서 일본의 근대화와 과학 교육의 발전에 이바지하였다.

유학만 보낸 것은 아니다. 외국 학자들도 초빙했다. 도쿄대만 한정해서 보면, 독일(63명, 37%) 교수가 가장 많고 그다음 영국(38명, 23%), 미국(34명, 20%) 순으로 많은 예산을 들여 외국 학자들을 모셔왔다.

---

* 井上 馨(이노우에 가오루, 외무장관), 遠藤謹助(엔도 킨스케, 조폐국장), 山尾庸三(야마오 요우조, 공부장관), 伊藤博文(이토 히로부미, 총리), 井上 勝(이노우에 마사루, 철도청장관) 등이 쵸슈 파이브의 인물들이다.

<표 2> 외국유학생 파견 현황 (1869. 1.~1871. 9.)

단위: 명

	영국	미국	러시아	프랑스	프러시아
관비(官費)	58	46	7	4	29
현비(県費)	41	28	1	10	8
자비(自費)	8	24	-	-	4
계	107	98	8	14	41

	벨기에	네덜란드	청	기타	계
관비(官費)	2	-	7	-	153
현비(県費)	-	1	-	2	91
자비(自費)	1	-	-	-	37
계	3	1	7	2	281

자료: 여환진(1988), p.72

<표 3> 문부성 초청 동경대 외국인 교수 현황(1881~1898)

단위: 명

	미국				영국				독일			
	인문	사회	자연	계	인문	사회	자연	계	인문	사회	자연	계
	20.1%				22.5%				37.2%			
인원	15	6	13	34	20	3	15	38	17	7	39	63

	프랑스				기타			
	인문	사회	자연	계	인문	사회	자연	계
	13.6%				6.6%			
인원	10	4	9	23	6	2	3	11

자료: 여환진(1988), p.74

1. 메이지(1868~1912)에서 다이쇼시대(1912~1926)까지

이렇게 유학생들뿐만 아니라 외국에서 학자나 기술자들이 대거 일본에 들어오다 보니 도쿄를 비롯한 대도시는 지금보다 훨씬 더 글로벌화되어 있었다고 말해도 과언이 아니었다. 그래서 포비스 (William H. Forbis)는 그의 저서에서 당시 외국인이 일본에 와서 보면 이곳이 동양인지 서양인지 분간하기 어려웠을 것이라고 기술할 정도였다. * 그리고 이들은 외국어 책을 번역 없이 그대로 사용했다. 이들 외국인 교사 및 교수들은 이때 필요한 도서 및 과학기기와 약품을 외국에서 구입할 수 있도록 일본 정부에 요청하여 구입했다. 물론 이후에는 이들 외국인들에게 배운 일본인들이 점점 늘어나면서 외국 기술자와 학자들을 대체해 나갔다.

일본은 기초과학 분야에서 그랬듯, 교육제도에서도 외국의 과학 교육을 무수정 이식하는 데 우선 열심이었다. 일본 문부성은 교수법을 연구하기 위해 M.M. Scott와 D. Mauray를 초빙하였고, 1875년에는 일본인을 미국에 파견하여 교수법을 연구케 하였다. 이후 일본식 교육, 예를 들어 공문, 구몬, 빨간펜, 스즈키 바이올린 등 다양한 일본식 교육법이 개발되면서 이것이 오늘날 한국에까지 전파된 것이다.

---

* William H.Forbis(1975), 『Japan Today: people, places, power』, Charles E, Tuttle

단위: 권

년도 전공		수학/공학			물리학/화학	
1874	영어	765			208	
	불어	690			565	
1875	수학	물리	화학	박물	생리	
	465	237	451	220	135	

년도	박물학			생리/심리학	
1874	73			69	
	67			53	
1875	천문	지리	重學	圖學	주문책
	84	142	28	173	2,298

자료: 여환진(1988), p.74

　어떤 분들은 일본이 초창기 과학기술이나 제도, 그리고 교육법을 서구로부터 모방했던 당시의 상황에 대해 줏대 없는 행동이라거나 남의 것을 베끼거나 하는 민족이라고 평가절하하기도 한다. 그렇지만 그렇게 말 할 필요도 이유도 없다. 이를 바탕으로 일본이 어떻게 발전해 왔는가는 오늘날의 결과가 말해주기 때문이다.

　또 하나, 기초과학을 어떻게 교육해야 할지에 대한 고민의 결과도 빠질 수 없다. 일본의 과학 교육은 1872년 동경사범대학 설립을 기점으로 구미선진국의 과학 교육을 도입하고 학제가 공포된 후에 학교 교육에서부터 시작되었다고 할 수 있다. 지금으로선 상상하기 힘들겠지만, 초등학교 2학년 교과목에 벌써 박물화학, 생리학, 이학윤의(理學倫議) 등이 포함되어 있었고, 초등 5학년부터는 물리, 화학, 생리학, 동물학 등의 이과 수업을 실시했다. 중학교에서는 궁리학(窮理學)*, 생리학, 화학, 박물학(博物學), 동물학, 금석학(金石學), 측량학 등을 일본어 교과서 없이 원서로 교육했다.

이후에는 양학소(洋学所)**를 통해 외국어 서적을 번역한 책이 출간되면서 초중고 및 대학에서는 점차적으로 일본어 수업으로 대체해 나갔다. 당시 서구 과학서적을 번역한 책이 무려 8만여 권에 이를 정도로 너무나 많은 책들이 번역되자 번역서를 어떻게 읽을 것이가를 안내하는 역서독법(譯書讀法)이란 책이 등장할 정도였다.

여기서 첨언 하나 하자면, 사실 번역이 쉽지는 않다. 특히 전문서적의 경우는 더 그렇다. 왜냐면 서양의 낯선 개념이나 전문용어들에 대해 학자들마다 번역어가 각자 다르기 때문이다. 결국 이 중 경쟁에서 살아남은 단어가 오늘날 우리들이 사용하고 있는 용어들이다. 예를 들어 발명(Invention), 과학(Science), 그리고 산소(Oxygen)나 수소(Hydrogen) 등 각종 원자 이름도 모두 일본이 번역한 단어들이다.

---

* 메이지유신 당시에는 물리학을 비롯해 서양의 과학기술을 '궁리학'이란 이름으로 칭했다. 당시 궁리학은 문명개화를 상징하는 과목으로서, 모르면 사람 취급을 받지 못할 정도였다.

** 막부말기인 1853년 미국의 페리 제독이 일본에 들어와 개항을 요구했을 때부터 외교문서의 번역, 외국사정 조사, 서양식 군사기술 도입 등의 필요성을 절감하고는 1856년 양학소를 설립하였다.

과학 용어뿐만 아니라 법률과 스포츠, 그리고 각종 경제 용어와 건축 용어에 이르기까지 실로 그 범위가 전 영역에 이르고 있다.

처음 접하는 외국어의 전문용어를 자국어로 번역한다는 게 생각만큼 쉽지는 않았을 텐데, 그 수고와 땀의 대가는 한자 종주국인 중국과 한자 문화권인 한국에 수출되어 지금에 이르렀다. 한국은 일본의 이런 지적(知的) 노력에 어떻게 보면 큰 고생 없이 무임승차해 온 측면을 부인하기 어렵다.

한편 일본의 과학기술 발전에 크게 기여한 계몽사상가들의 역할도 봉건사회 일본을 근대 자본주의 국가로 진입하도록 안내했다는 점에서 그들의 역할을 가벼이 볼 수는 없을 것이다. 이 책에서는 이와 관련하여 두 명만 간추려 소개하고자 한다.

첫 번째 소개할 인물은 한국에도 잘 알려진 후쿠자와 유키치(福澤諭吉, 1835~1901)이다.

원래 그는 20대 초반까지 난학(蘭学, 네덜란드학)에 몰두하다가 도쿄를 방문하고 나서 세계의 중심이 영국과 미국 등 영어권으로 옮겨 갔다는 사실을 직접 체험하고는 학문의 방향을 완전히 바꾸면서 '일본 근대화의 전도사'가 되기로 결심한다. 그리고는 독학으로 영어를 공부하면서 메이지 정부의 입각 제의마저 사양한 채 계몽사

후쿠자와 유키치
(福澤諭吉, 1835~1901)

상과 교육, 그리고 문명개화의 필요성을 주장하며 청년 양성에 주력하였다.

학문 중에서는 특히 물리학(궁리학)을 절대 강조하였으며, 회계학과 근대 보험제도를 일본에 최초로 소개한 인물이기도 하다. 후쿠자와는 물리학의 중요성을 인식하고『물리학의 요용(物理学の要用)』(2012, 青空文庫 재판)이라는 책을 출판했을 뿐만 아니라 자신의 아들 스테지로(福澤捨次郎, 1865~1926)를 미국의 메사추세츠 공과대학에 유학 보내기도 했다. 그래서 그를 일본을 대표하는 계몽사상가라고 하는 것이다.

그는 자신의 저서인『문명론의 개략(文明論之槪略)』(1967, 岩波書店 재판)에서 이제 세상이 바뀌었다는 것을 강조했다. 어제 사용했던 것이 오늘 무용지물이 되고, 오늘 사용한 것은 내일 새로운 기계 덕분에 더 발전하는 세상으로 변하고 있다는 것이다. 이런 변화를 따라가기 위해서는 무엇이 필요할까? 그의 또 다른 책 중의 하나인『학문의 권장(學問のすすめ)』(1942, 岩波書店 재판)에서는 상공업 발전을 위한 학문이 융성해져야 한다는 필요성을 강조한다. 본 저서 29페이지에서 기타자토란 인물에 대해 자세히 설명하겠지만, 후쿠자와

는 기타자토가 연구소를 설립하려 할 때 자금 때문에 어려움에 직면하자 그의 실력을 인정하고 그가 전염병 연구를 지속할 수 있도록 주변에 부탁해서 도쿄 미나토구(港区)에 전염병연구소(1892)와 거주지를 마련해주고 상당한 원조를 해주었다. 그만큼 기초과학의 중요성을 인지하고 있었던 그의 안목이 부러울 뿐이다. 참고로 후쿠자와는 게이오기주쿠대학(慶應義塾大学)과 지지신보(時事新報, 지금의 산케이신문의 전신)의 창설자이기도 하다.

두 번째 소개할 인물은 시부사와 에이치(渋沢栄一, 1840~1931)이다.

시부사와 에이치
(渋沢栄一, 1840~1931)

그는 도쿠가와 막부(德川幕府) 말기에 바쿠신(幕臣:막부의 신하)으로 기용되어 20대에 영국, 프랑스 등 유럽을 외유하면서 서구 선진 자본주의 국가의 산업제도가 얼마나 우수한지 몸소 체험하고 돌아와 일본의 근대화를 위해 실업계에 투신한 인물이다.

1867년 27세의 젊은 나이에 요코하마(横浜) 항구를 출발해 프랑스 파리 만국박람회에 참가한 적이 있는데, 이때 바라본 서양의 기술과 문명은 아시아 변방국에서만 살다 온 그에게는 가히 충격적이었다. 상인과 수공업자를 은근히 천시하는 일본의 분위기와는 판이한 것을 직접 목격하고는 그 원리를 파악하기 위해 프랑스에 남아 근대회계법과 금융, 그리고 주식회사의 구조를 배웠고 그 후 스위스, 네덜란드, 벨기에, 이탈리아, 영국 등을 방문하며 서양의 근대 자본주의 발달을 직접 체험했을 뿐만 아니라 합리적인 경제 기구와 상공업을 존중하는 문화를 익혔다.

이렇게 2년여간 서양 문물을 공부하고 1868년에 귀국한 그는 대장성(大藏省)의 총무국장 관료로 3년 반 정도 근무하다가 1873년에 퇴관하여 이때부터 본격적으로 실업계에 투신하였다. 관료 시절에는 지폐 제도 도입과 철도 부설 등 근대 경제 건설의 핵심 정책을 입안하기도 했다. 그가 어떤 형태로든 기업을 설립하거나 설립에 관여하면서 일본의 근대적 기업의 발전을 주도한 사업체는 거의 전 산업을 망라하여 500여 개에 이른다. 일본 최초의 은행인 제일은행(第一銀行, 현 미즈호은행)을 비롯하여 오우지제지(王子製紙), 도쿄해상화재(東京海上火災), 오사카방적(大阪紡績), 일본적십자 등이 대표적인 예다. 근대적 주식회사 조직의 이점을 강조하여 이를 보급하는 데 노력하였고 국가주의적 경영 이념을 고취시킴으로써 기업가의 사회적 지위를 높이는 데도 공헌한 것이다.

2019년 5월 1일, 일본이 새 일왕의 즉위를 기념하여 지폐 인물을 모두 바꾸기로 하면서 시부사와는 1만 엔짜리 최고가 지폐의 모델이 되는 영광을 안게 되었다. 일본 근대 과학의 발전과 일본식 경영 이념을 정착시킨 공로를 높게 평가받았기 때문이다.

이렇듯 이 시대 선각자들은 서구의 산업 발전을 따라가기 위해서는 역시 기술혁신과 경쟁을 통한 진보가 필요하다고 강조하면서 이를 이끌어 나갈 리더십, 그리고 큰 밑그림을 그릴 주체로 '국가'를 내세웠다. 그리고 이는 강력한 일본식 '내셔널리즘'(Nationalism)으로 작용하기도 했다.

과학기술을 강조했던 당시의 상황에 대해 일부에서는 그건 학문적 호기심이라기보다는 일본인들이 전통적으로 갖고 있던 직인(職人)으로서의 기질을 따랐을 뿐인데, 그게 우연의 일치로 시대와 맞아 떨어진 것 아니냐 하는 비판적 시각도 존재하지만, 설령 그렇다 하더라도 그것이 어떤 방식으로든 학문으로 연결되는 것이고, 또 학문이 직(職)으로 연결되는 것은 당연한 이치여서 굳이 다양한 해석까지 동원하여 평가절하할 필요는 없을 것이다. 왜냐하면 이때 당시에 벌써 기초과학의 중요성을 인지한 수많은 실험연구기관들이 체계적으로 설치되었기 때문이다. 예를 들어 1871년 해군수로국, 1874년 도쿄위생시험소, 1875년 도쿄기상대, 1879년 도쿄학사회원, 1882년 지질조사소, 1888년 도쿄천문대와 육지조사부, 1891년 전기시험소, 1892년 진재예방조사회 등 시험연구기관이 봇물 쏟아지듯 출연했다는 것이 이를 증명해주고 있다. 조선이 아직 갓 쓰고 도포 입고 다니던 시대였다는 것을 감안하면, 일본의 근대화가 얼마나 빠르게 진행되었는지 짐작이 갈 것이다.

한편 1907년부터는 소학교 입학을 의무교육으로 변경하였다. 1917년부터는 영재교육을 시작하였고, 이토 히로부미 내각이 발족(1885)하면서 관료기구가 정비된 후에는 곧바로 내각을 떠받칠 유능한 관료를 조직적으로 배출하기 위해 제국대학*을 만들었다. 1917년에는 일본 노벨상의 산실이라고 하는 '이화학연구소'(리켄)를 설립하여 일본의 기초과학을 튼튼히 다지는 결정적인 전환점을 만들었다. 이 부분에 대해서는 제2장 150페이지에서 자세히 다루도록 하겠다.

자, 이제는 메이지 시대에서 다이쇼 시대에 이르는 동안 일본 과학사에 이름을 남긴 인물들을 소개하고자 한다.

---

* 도쿄대, 교토대, 도호쿠대, 큐슈대, 홋카이도대, 오사카대, 그리고 나고야대 등 총 7개의 일본 국내 제국대에 더불어 조선의 경성제국대학(현 서울대)과 대만의 대북제국대학(현 국립대만대) 이렇게 총 9개가 구 제국대학이다.

1) 의학 분야

첫째, 1901년 노벨생리의학상 첫 번째 후보이자 일본 근대 의학의 아버지로 알려진 기타자토 시바사부로(北里柴三朗, 1853~1931)를 소개하고자 한다. *

기타자토는 어릴 적 군인이나 정치가가 되는 꿈을 가졌지만, 부모님의 권유로 의과대학을 졸업하고 1885년 독일 유학을 마친 후 귀국하

기타자토 시바사부로
(北里柴三朗, 1853~1931)
출처: 기타자토 시바사부로 기념관 홈페이지

여 전염병연구소를 설립한 미생물학자이다. 그는 세계 최초로 파상풍균의 순수배양에 성공하고는 이곳에서 디프테리아(diphtheria) 항혈청을 발견해 냈다. 공동 연구자였던 독일 학자인 베링(Emil Adolf von Behring, 1854~1917)에게만 노벨상이 돌아가 아쉬움이 컸지만, 그가 설립한 기타사토대학에서 결국 114년 만에 노벨상 수상자를 배출했다. 주인공은 2015년 드류대학(Drew Univ)의 윌리엄 캠벨(William C.

---

* 그의 이름은 기타자토로 발음하고 또 그의 이름을 딴 박물관 역시 기타자토로 읽는다. 그런데 일본 재무성에서 1천엔 짜리 지폐 디자인에 선정되었다고 발표했을 때 TV에서 실수로 기타사토로 오독하면서 지금의 대학 이름은 기타사토로 명명되고 있다. 사실 실수라고는 하지만 그가 독일로 유학갈 때 독일어의 '기타자토'라는 발음을 'Kitasato'로 사용한 것을 영어 발음으로 읽다 보니 기타사토가 된 것이다.

Campbell) 박사와 함께 노벨생리의학상을 수상한 오무라 사토시(大村 智, 1935~)다.

노구치 히데요
(野口英世, 1876~1928)
출처: 노구치 히데요 기념관 홈페이지

둘째, 적리균을 발견한 노구치 히데요(野口英世, 1876~1928)이다.

후쿠시마(福島) 출신의 노구치는 어렸을 때 화상을 입어 손가락이 달라붙은 장애를 갖게 되었다. 그런데 소학교에 입학했을 때 선생님과 친구들이 모아 준 돈으로 수술을 통해 손가락을 사용할 수 있게 되면서 감사한 마음에 의사가 되기로 결심한다. 이후 필사적인 노력 끝에 21세라는 젊은 나이에 의사가 되고 24세에 미국 유학을 하면서 세균학자로 황열병을 연구하여 매독의 병원체인 스피로헤타(spirochete)균을 밝혀내는 데 성공했다.

노구치는 바로 앞에서 소개했던 기타자토의 문하생이기도 하다. 노벨생리의학상을 수상하지는 못했지만 1913~1927년 사이에 9번이나 후보로 추천을 받았을 정도의 세계적인 실력가이다. 안타깝게도 전염병 연구를 하던 중 자신이 병에 걸려 51세라는 젊은 나이에 사망했다.

셋째, 하타 사하치로(秦佐八朗, 1873~1938)이다.

그는 시마네현(島根県) 출신으로 지금의 오카야마대학(岡山大学)인 제3고등중학교 의학부를 졸업한 후에 독일로 유학을 간다. 이때 매독 치료 특효약인 '살바르산 606호'를 발

하타 사하치로
(秦佐八朗, 1873~1938)
출처: 하타 기념관 홈페이지

견해 냈다. 이런 그의 공로를 인정받아 1911년에는 노벨화학상에, 그리고 12년, 13년에는 노벨생리의학상에 연속 세 번이나 노벨상 후보로 노미네이트 되었지만 공동 연구자인 독일의 파울 에르히(Paul Ehrlich)만 수상(1908)했다. 일본에서는 살바르산 발견을 전 세계 모든 사람들에게 '복음을 전해준 선물'이라면서 의학을 통해 세계 평화에 공헌한 위대한 인물이라고 표현하고 있다.

2) 화학 분야

다카미네 조키치
(高峰讓吉, 1854~1922)

산쿄(三共)에서 출시한
정제 위장약 다카디아스타제
(1932~1945년 판매품)

첫번째 소개할 인물은, 우리가 스트레스를 받으면 몸속에서 아드레날린(Adrenaline)이 분비되는데 이 호르몬을 발견한 다카미네 조키치(高峰讓吉, 1854~1922)이다.

다카미네는 노벨상을 받기에 충분한 업적을 남겼지만, 동양인에 대한 차별이 존재했던 당시의 사회 분위기상 일본인이라는 출신의 한계를 이겨내기엔 역부족이었다. 그럼에도 불구하고 그는 연구를 게을리하지 않고 누룩 곰팡이 속에서 강력한 소화효소를 발견한 후 자신의 이름인 다카미네의 '다카'(Taka)를 인용하여 위장약인 다카디아스타제(Taka-diastase)를 개발했다.

소화효소란 몸속에서 음식물을 세밀하게 분해하고 영양소를 흡수할 수 있도록 하는 물질이다. 과식을 하거나 위 기능이 약해진

상태에서는 바로 이 소화효소가 움직이기 어려워 소화불량이 발생하는데, 다카미네가 개발한 약은 위장의 움직임을 도와 소화불량을 해소해주었다. 그는 미국 뉴올리언스에서 개최한 만국공업박람회(1884)에 참여했다가 미국 여성을 만나 결혼한 후 사업에도 성공하면서 거액의 부를 축적할 만큼 사업가로서도 대성한 인물로 알려져 있다.

둘째, 비타민 B를 발견한 농학자 스즈키 우메타로(鈴木梅太郎, 1874~1943)이다.

일본에서는 불교의 영향력이 남아 있어 메이지유신(1868) 이후까지도 돼지고기, 소고기를 먹지 않는 관습이 있었는데, 그러한 이유로 대부분의 일본인들은 비타민 B가 부족하여 각기병(다발성 신경염)이 심했다.

스즈키 우메타로
(鈴木梅太郎, 1874~1943)

1904년 러일전쟁 당시 러시아군은 비타민 C 부족으로 인한 괴혈병 때문에, 일본 해군은 비타민 B 부족으로 인한 각기병 때문에 쓰러지다 보니 러일전쟁을 '비타민 전쟁'이라고 할 정도였다. 그래서 이를 해결하기만 해도 전쟁에서 승리할 수 있다는 말이 나올 정도였을 때 스즈키가 비타민 B를 발견한 것이다.

그는 한 명의 환자를 치료하는 의사보다는 병 자체를 치료하는 약을 개발하겠다는 목표를 세우고 그 목표대로 비타민 B를 발견해 낸 것이다. 리켄(理硏) 연구원 출신으로 1914년, 1927년, 그리고 1936년에 노벨화학상 분야의 후보로 이름을 올렸지만, 수상까지는 이어지지 못했다. 후대 사람들은 그의 모든 논문이 일본어였기 때문에 해외에 알려지지 않았고 그래서 인정받지 못한 거 아니냐 하는 아쉬움을 토로하기도 했다. 비록 노벨상은 받지 못했지만 스즈키는 제1차 세계대전을 전후하여 쌀이 부족한 상황에서 쌀을 사용하지 않는 합성 청주(1922)를 개발해 리큐(利久)라는 브랜드명으로 판매하면서 1929년에는 제국발명협회의 특별상을 수상하기도 했다. 리켄을 대중들에게 알리기 시작했고 사업에서도 성공한 것이다. *

* 리켄 홈페이지 홍보 활동에서 참조

3) 지질·생물학

첫째, 천문학자인 기무라 히사시 (木村 栄, 1870~1943)이다.

지구는 자전축이 끊임없이 이동하기 때문에 지구 자전축을 관측할 때 약간의 오차가 발생하는데, 기존의 관측식에 기무라가 고안해 낸 보조항인 Z항을 추가하면 지구의 어떤 곳에서든 정확한 관측 데이터를 도출할 수 있다. 그래서 그를 기

기무라 히사시
(木村 栄, 1870~1943)
출처: 이와테 문화정보대사전 홈페이지

리기 위해 Z항을 '기무라항'이라고도 한다.

우리가 음양오행을 이야기하면서 길흉을 점칠 때 일본은 지구를 관측하고 천문학을 탐구했다. 비록 노벨상을 수상하지는 못했지만 그의 업적은 영국에서 충분히 인정받아 왕립천문학회골드매달을 수상했다.

둘째, 일본의 지진학 창시자인 오모리 후사키치(大森房吉, 1868~1923)이다.

그는 1898년 세계 최초로 연속 기록이 가능한 지진계인 오모리

지진계를 발명했다. 이로써 초기 미동계속 시간으로부터 진원까지의 거리를 결정할 수 있게 되었다.

사실 그는 1923년 발생한 관동대지진을 사전에 경고하는 글을 기고할 정도로 뛰어난 관측력을 갖고 있었지만, 당시 언론에서 이 기고문이 사회 혼란을 야기시키는 선동적인 글이라는 비판이 이어지자 이를 견디지 못하고 자신의 글은 근거 없는 설이었다며 대중들 시각에 맞추는 우를 범하기도 했다.

셋째, 물리학자 나가오카 한타로(長岡半太郎, 1865~1950)이다.

나가사키현(長崎県) 출신으로 도쿄대학 교수에서 자리를 옮겨 오사카제국대학 초대 총장을 역임했고 리켄(理研) 설립에도 관여했다. 그는 '토성형 원자 모델'을 제시했는데, 이를 통해 일본의 물리학 수준을 세계 수준으로 끌어 올렸다는 평가를 받고 있다. 쉽게 설명하자면, 플러스 전기를 갖고 있는 구가 있는데, 그 주위를 전자가 토성의 고리 모양처럼 돌고 있다는 것이다.

나가오카는 노벨상을 받지는 못했지만 물리학자로서의 세계적 명성은 여전하여 1939년 스웨덴의 노벨위원회에 유카와 히데키를 후보로 추천했다. 그 덕분인지는 몰라도 유카와 히데키가 1949년 일본 최초로 노벨물리학상을 수상한 것은 유명한 일화이다.

이렇게도 많은 학자들이 메이지~다이쇼 시대에 활약하면서 일본 과학기술 발전에 기여할 수 있었던 이유는, 1854년 미국과 화친조약을 맺은 이후부터 서구 선진국들의 학자와 기술자들을 초빙하고 이를 학습했을 뿐만 아니라 일본에서도 구미에 유학생들을 파견하고 나아가 일본 국내 연구시설 증설에도 적극적으로 투자했기 때문이다.

앞서 메이지 시대(1868~1912)에 설립된 기초과학 관련 연구소들을 소개했는데, 이는 다이쇼 시대(1912~1926)에까지 이어졌다. 1914년 잠업시험소가, 1915년 해군기술본부가, 그리고 1916년에는 전염병연구소와 축산시험장이 설립되었다.

한편 제1차 세계대전이 발발했을 때는 독일로부터 화학약품과 원료 수입이 정지되었는데, 이를 계기로 일본은 화학공업을 진흥할 필요성을 절실히 느끼고는 1915년 '염료의약품제조장려법'을 제정하여 국산화 운동을 벌이기도 했다. 1918년부터는 문부성이 자연과학 연구를 조성하기 위해 과학연구장려비를 교부하기 시작했고, 1919년부터는 '대학령'을 마련하여 모든 대학의 기능에 교육 외 연구를 포함시키도록 통보했다.

지금까지 메이지 및 다이쇼 시대를 거치는 동안 일본 사회의 근대화 과정과 기초과학의 토대를 마련하기까지의 분위기를 살펴보았다. 이에 더하여 한국에는 잘 알려져 있지는 않지만 수많은 일본 과학자들의 열정, 그리고 당시의 교육 정책과 정부의 리더십 등 이렇게 세 박자가 잘 맞아떨어지면서 일본이 아시아에서는 최초로 '근대국가 진입'이라는 결과물을 얻어낸 것이다.

2. 쇼와 시대(1926~1989) ◇◇◇◇◇◇◇◇◇◇◇◇◇◇◇◇◇◇◇◇◇

1) 쇼와 시대 주요 과학기술 발전 단계

메이지와 다이쇼 시대를 거쳐 이제는 일본 황실가 역사에서 최장기간 천황의 자리를 유지했던 쇼와 시대의 과학 역사를 살펴보도록 하자.

제2차 세계대전을 일으킨 일본이 전쟁의 소용돌이 한복판으로 깊이 빠져들면서 사망하는 일본의 젊은이들이 기하급수적으로 늘어나자 전쟁이 끝난 후의 일본의 미래를 걱정하지 않을 수 없었다. 무엇보다 사망자 중에는 다수의 이공계 학생들도 포함되어 있었기 때문에 이공계 학생이 절대적으로 부족할 때 초래될 일본의 미래가 염려되었던 것이다. 이에 따라 일본 군부는 국가의 모든 역량을 전쟁에 집중시키기 위해 긴급히 '국가총동원법'(1938. 4.)을 발동시키

<표 5> 쇼와 시대의 주요 과학기술 발전사

연도	이슈 및 내용
1931년	일본학술진흥회 발족
1933년	기술과학 분야 연구비 배분 개시
1938년	국가총동원법 공포
1945년	패전
1948년	공업기술청 설치
1949년	일본 최초 노벨상 수상 유카와 히데키
1955년	경제기획청 발족 및 '경제 자립 5개년 계획' 입안
1956년	과학기술청 발족, 각종 국책연구소 설치
1960년	우주개발심의회 설치(총리부)
1964년	도쿄올림픽 개최
1970년	아시아 최초 오사카 만국박람회 개최
1985년	플라자 합의(Plaza Accord)
1989년	쇼와 천황 사망

고 이공계 학생들을 보호하기 시작했다.

국가총동원법의 제25조를 보면, '연구항목 지정과 변경을 명하여 총동원 목적하에 연구를 통제하는 한편 연구 촉진을 적절히 지도하고 도울 수 있게 됐다'고 강조하면서 군과 관료가 자신들의 입

장에서 연구의 방향을 설정할 수 있도록 만들었다. * 아울러 정부가
지정해 놓은 학교나 군수산업과 관련한 이공계 학과 졸업자를 채
용하고자 하는 회사나 공장은 후생대신의 허가를 얻어야만 가능한
'학교졸업자사용제한령'(1938. 8.)을 공포하면서, 문과계 학생들은 전
쟁터에 보내졌지만 이공계 학생들 대부분은 징용을 면제해주었다.

　산업계에서는 눈에 뜨일 정도로 기술자가 부족한 상황에서 기
업들끼리 공업계 신규학교 졸업자 쟁탈전이 일어나다 보니, 졸업
생의 취직 분야의 편재를 해결하고 적정하게 배치하기 위해서는
공업 및 광업 관련 신규 졸업자를 군부가 할당하여 채용하도록 해
야 한다고 판단한 것이다. 그 덕분에 이공계 연구자나 기술자들은
전쟁터에 끌려가지 않고 대학에 남아서 연구 활동을 하는 것이 허
용되었다. 다만 패전하기 전까지는 과학연구가 완전히 국가의 관
리하에 들어가고 이들은 전쟁 수행에 필요한 연구를 해야만 하는
제한은 피할 수 없었다. 나아가 1939년 문부성은 이공계 위주의 고
등교육기관을 신설하고는 '문부성과학연구비교부금'을 만들었는
데, 이것이 후에 '과학연구비조성금'이란 명칭으로 바뀌어 오늘날
일본의 기초과학을 튼튼히 지탱해주는 자금줄의 역할을 담당해 왔
다. 그리고 패전하기 직전인 1944년에는 일본의 미래 과학기술을
이끌 어린 영재들을 배출하고자 하는 목적으로 중학교에 과학 영

---

* 　야마모토 요시타카(2019), 『일본 과학기술 총력전』, AK, p.246

재를 위한 특별 학급을 설치할 정도로, 전쟁이 한창인 중에도 인재 양성에 힘을 기울였다. *

태평양 전쟁은 서서히 막을 내렸다. 1945년 8월 6일 히로시마(広島), 그리고 3일 후인 9일에는 나가사키(長崎)에 원폭이 떨어지면서 결국 일본은 무조건 항복에 서명을 해야만 했다. 군인 출신으로 포츠담 선언 수락 당시 총리였던 스즈키 간타로(鈴木貫太郎, 1868~1948)는 일본의 패배를 '과학전의 패배'라고 했다. 당시 일본 지도부에서도 패전의 원인에 대해 '미국의 물량과 기술'을 이길 수 없었기 때문이라며 통탄했다. 실제 패인은 다양하겠지만 일단은 과학전에서 패배한 것이므로, 일본 과학의 낙후가 패전의 중요한 요인이라고 분석한 것이다.

1945년 10월 20일 자 아사히신문(朝日新聞)에는 필리핀에서 포로가 된 야마시타 도모유키(山下奉文, 1885~1946) 대장이 미국 기자가 패배 원인을 물었을 때 영어로 'science'라고 외마디를 외쳤다는 기사를 실었다. **

---

*   중학교 특별 학급은 제2차 세계대전이 끝나자 곧바로 폐지하였다.

**   야마모토 요시타카(2019), p.285

이것은 무엇을 의미하는가? 결국은 기술 입국 외에 다른 대안이 없다는 것을 인식하고 있다는 것이다. 그래서 마치 우리가 포항제철을 건설할 때 '제철 보국'을 외쳤듯이 일본 역시 '기술 보국'을 외쳤다. 패전 다음 해인 1946년 '민주주의과학자협회'*를 통해 전쟁에 대한 학자들의 책임 추궁이 시작되었지만 여기에는 정치와 경제, 역사와 지리, 철학 농업 분야의 학자들에 국한하였을 뿐 자연과학자와 기술자들에게는 아무도 책임을 묻지 않았다. ** 그렇다고 해서 점령군 GHQ가 일본 내에서 과학기술 연구를 허락한 것은 절대 아니며 군사 연구와 원자력, 항공, 레이더 연구 등을 금지시켰다.

GHQ가 아직 일본을 점령하던 1947년, 일본은 과학 교육의 목표를 "국민들이 사회생활을 풍요하게 영위하고 사회문제를 해결할 수 있도록 과학적인 숙련, 태도, 그리고 지식을 얻는 데 있다."라고 설정했다. 이후 1948년에 공업기술청을 설치하고, 1949년에는 '일본학술회의'를 발족시켰으며, 총리부 산하에 '과학기술행정협의회(STAC)'를 마련하였다. STAC를 설치한 이유는, 외화를 필요로 하는 연구용 기기 취급과 외국 기술 도입에 대한 의견과 통계 작성, 그리고 문부성 이외의 연구자의 해외도항 조사를 도와주기 위함이었다.

---

* 패전 후 1946년 1월, 일본공산당의 영향을 받은 진보 성향의 자연과학자·사회과학자·인문학자들이 창립한 협회로, 과학 발전을 도모하는 것이 목적이었지만 이후 재정난이 심각해지면서 1957년에 해체되었다.

** 야마모토 요시타카(2019), p.284

한편, 1949년에는 '공업표준화법'에 근거한 일본공업규격(JIS, Japanese Industrial Standards)을 제정*하여 호환성, 품질, 안전성 등을 확보했으며, 1950년에는 '일본생산성본부'를 설립하고 '합성수지 공업 육성 5개년 계획'을 마련하였다. 1951년에는 민간학술연구기관 조성법과 계량법을 제정하였으며 1953년에는 '이과교육진흥법'을 제정하였다.

그러나 1945년 8월 15일 패전한 이후 실의와 좌절에 빠진 일본에 용기를 주고 일본이 다시 뭔가를 할 수 있다는 정신을 심어준 결정적인 인물은 누가 뭐라 해도 42세라는 젊은 나이에 일본 최초로 노벨상을 수상한 유카와 히데키였다. 마치 대한민국이 1997년 IMF 외환위기로 모두가 고통을 분담하고 있을 때 박세리 선수가 미여자프로골프(LPGA)에서 양말을 벗고 연못에 들어가 골프채를 휘두르는 투혼에 힘입어 최연소 메이저 챔피언의 기록을 세웠던 것이 전 국민에게 희망을 안겨준 것처럼, 유카와의 수상 소식은 패전의 어둠에 가리워진 일본 국민들에게 그러한 한 줄기 빛으로 다가오기에 충분했던 것이다.

1950년 6월 25일 한국전쟁이 발발하자 일본은 전쟁에 참가한 연합군, 특히 미국의 군수기지의 발판이 되어 한국전쟁 특수를 톡

---

* 2019년 7월 1일 개정법에 따라 '공업표준화법'에서 '산업표준화법'으로 명칭이 변경되었다.

톡히 누렸다. 군용 트럭과 군복뿐만 아니라 네이팜탄과 로켓포, 그리고 박격포를 포함한 각종 포탄과 기관총 등을 만들어 공급하며, 한국전쟁이라는 남의 나라의 아픔을 일본 경제를 신속하게 회복할 기회로 이용해 호황을 누린 것이다. 잘 알다시피 토요타, 닛산, 이스즈 등 자동차 3사는 이때 미군의 주문에 따른 군용 트럭 제작과 수리까지 맡으면서 다시 살아날 수 있었고, 이렇게 벌어들인 돈은 다시 설비 투자와 기술 도입을 통해 일본의 고도 경제 성장에 발판이 되어 주었다.

사실 토요타는 태평양 전쟁이 막바지에 달하던 1944년에 군수 공장으로 지정돼 육군용 트럭을 생산한 적이 있지만, 패전 후에는 극심한 인플레이션으로 현금흐름에 어려움을 겪으면서 1948년 총 자산 가치의 여덟 배에 이르는 부채를 떠안게 된 기업이었다. 결국 도산을 피하기 위해 관리자들이 자발적으로 감봉을 하고 종업원들도 자신들의 임금을 10% 삭감하는 정책까지 실시하였지만, 1950년 파업 사태를 피하지 못해 파산위기에 직면하면서 토요타 기이치로 (豊田喜一郎, 1894~1952) 사장이 물러나야만 했다. 그런 와중에도 기이치로는 기술자들이 얼마나 중요한 존재인지에 대해 잊지 않았다.

"우리 엔지니어들이 손도 씻지 않고 식사를 할 정도로 매진하고 있는 것을 보면, 일본 산업을 다시 건설하려는 우리의 능력을 확신할 수 있다."

그런데 토요타가 법정관리에 들어간 지 20일 만에 한국전쟁이 발발하였고 이때 미군으로부터 군사용 트럭 1천 대를 한꺼번에 발주 받으면서 기사회생하는 전환점을 마련한 것이다. 그리곤 TPS(Toyota Production System, 1953)라는 고유의 토요타 생산 시스템을 도입하고, 1955년과 1957년에 개발한 승용차 '크라운'과 '코로나' 모델로 성장의 계기를 마련하면서 승승장구했던 것이다. 두 모델은 60년대 중반 대우자동차의 전신인 신진자동차가 한국에 도입하기도 하였다.

이뿐만이 아니다. 파나소닉 역시 한국전쟁으로 기사회생한 기업이다. 한국전쟁 전에는 물건이 팔리지 않아 허덕였지만, 전쟁 이후 군용 트럭에 필요한 선반의 폭발적인 수요에 힘입어 밤샘 작업을 해도 따라가지 못할 정도로 생산량을 늘려 갔다. 일본 국적 항공사 JAL은 점령 기간에 적용되었던 항공 운행 금지가 해제되면서 1951년 8월 일본 최초의 항공사로 자리 잡았다.

이건 무엇을 의미하는가?

일본 헌법에 근거하면, 전쟁 발발국의 후방 지원 요청이 있더라도 일본이 이에 응하거나 무기를 생산한다는 것 자체가 사실상 위법이다. 한국전쟁 전, 그러니까 패전 이후 GHQ가 일본을 점령했던 당시에 만들어진 일본국 헌법 제9조를 들여다보자.

① 일본 국민은 정의와 질서를 기조로 하는 국제평화를 성실하 게 희구(希求)하고, 국제분쟁을 해결하는 수단으로써 국권의 발동 내지는 전쟁과 무력에 의한 위협 및 무력의 행사는 영구 히 포기한다.

② 전항(前項)의 목적을 달성하기 위해 육·해·공군 및 기타의 전 력은 보유하지 않는다. 국가의 교전권은 인정되지 않는다.

물론 토요타를 비롯한 일본 기업들이 일본국헌법 제9조를 위반 했는지에 대해서는 헌법학자들에 따라 해석이 분분할 수는 있겠지 만, 필자가 놀라는 부분은 다른 곳에 있다. 일본 본토가 폭격을 받 았고 그래서 군수공장 대부분이 파괴되었기 때문에 패전 후에 이 를 복구하는 데도 꽤 시간이 걸렸을 텐데 어떻게 이렇게도 단기간 에 무기 생산뿐만 아니라 전쟁에서 필요로 하는 군수품 공급을 빠 른 시간 안에 수월하게 해낼 수 있었을까 하는 부분이다. 이야기를 달리 해석하면 미군에게 지배받던 그 시점에도 일본 기업들은 당 장 무기 생산이 가능할 만큼의 잠재적인 능력이 있었다는 것이고, 그건 바로 기술자들이 살아 있었다는 의미가 아니었을까? 실제로 제2차 세계대전 당시 전시 체제하에서 이공계 학생들과 연구자들이 전쟁터에 끌려가지 않도록 '학교졸업자사용제한령'을 공포한 결과 패전 후 이들이 다시 전자·전기·통신산업 분야에서 기업을 일으키며 일본의 고도성장을 이끌 수 있었던 것도 마찬가지로 해석할 수 있다.

사실 토시바(東芝), 히타치(日立), 마츠시타(松下) 등이 모두 전시상황에서 군수산업으로 성장한 기업들이다. GHQ하에서 항공기 생산이 완전히 금지되었을 때 군용기 개발과 생산에 종사했던 미츠비시중공업(三菱重工業)과 연구소에 근무했던 기술자들은 일자리를 찾아 자동차 산업으로 옮겨 갔고 토요타, 닛산, 이스즈 등에서 자신들이 갖고 있던 지적 기술을 활용해 국산 승용차 개발에서 효과를 발휘했다. 기업을 해체시키고 설비시설을 없앨 수는 있겠지만 사람 머릿속의 기술력은 남아 있던 것이다.

한편 1951년 9월 8일, 샌프란시스코강화조약(Treaty of San Francisco)이 체결된 이후 일본은 이제 국제사회에 본격적으로 진입하면서 GHQ가 금지해 왔던 항공기 생산 및 연구가 가능해졌고, 이에 따라 1954년 '항공기술심의회설치법'을 제정하고 1955년 항공기술연구소를 설치할 수 있었다. 아울러 1955년에는 원자력기본법이 제정되고 다음 해인 1956년에 원자력위원회가 설립되면서 과학기술청도 발족하였으며, 1959년에는 총리대신 자문기관으로 '과학기술회의'를, 그리고 '금속재료연구소'를 설치하였다.

1961년 '원자력개발이용장기계획'을 세우고 '해양과학기술심의
회'를 발족시켰으며, 츠쿠바연구학원도시가 건설되기 시작하면서
1980년대 말까지 약 45개의 국립연구기관이 이곳 츠쿠바(筑波)로
이전했다. 1964년에는 '우주개발추진본부'를 설치하였고, 일본 최
초로 원자력 발전이 성공한 날을 기념하여 10월 26일을 원자력의
날로 지정하였다. 1966년에는 '대형공업기술연구개발제도'를 제정
하면서 '초고성능전자계산기'를 개발했다.

국립시험연구기관이 정비된 것도 이 시기이다. 1963년 특수법
인농업기계화연구소가, 1966년에는 무기재료연구소가, 그리고
1967년 국립암센터, 1968년 국립방재과학기술센터가 각각 정비되
었다. 1971년에는 공해대책을 위해 환경청이 발족되었고, 1974년
에는 국립공해연구소를 설치하여 자동차 배출가스의 규제 기준을
강화했다.

한편 패전 후 20여 년이 지난 1964년, 아시아 최초로 도쿄 올림
픽이 개최되면서 일본인들 사이에 일본이 드디어 선진국 대열에
진입했다는 기쁨이 퍼져나갔다. 당시 일본은 OECD에 가입하고
국가의 위신이 걸려 있는 올림픽까지 개최하게 되자 그에 걸맞은
준비를 위해 수도고속도로를 건설하고 도카이도신칸센을 개통했

으며 본격적인 컬러 방송 또한 시작했는데, 이로 인해 텔레비전 보급률이 증가하게 되었다.

이때 등장한 것이 택시 자동문이다. 사실은 버튼으로 문을 열어주는 것이 아니라 택시 기사가 손님이 타고 내릴 때 오른손으로 레버를 조작해서 문을 열어주는 것이기 때문에 엄밀히 따지면 자동문이라기보다는 수동문이지만 당시로서는 획기적인 아이디어였다.

한국은 그로부터 24년 뒤인 1988년 서울 올림픽을 개최하면서 국제사회에 아시아 변방의 'Korea'를 알리기 시작했다.

1970년 3월 15일부터 9월 13일까지 약 6개월간 아시아에서는 최초로 오사카에서 엑스포를 개최하면서 일본은 자신들이 준비한 과학기술이 얼마나 높은 수준인지를 전 세계에 자랑했다. 특히 컴퓨터를 활용한 정보화 사회를 맞이하던 시기의 혁신적인 아이디어 제품으로 무선 전화와 텔레비전 전화를 선보였다. 일본인들이 스스로를 얼마나 자랑스럽게 생각했는지, 두 번 이상 엑스포를 방문한 인원까지 카운트하면 총 관람객 수가 6천2백만 명에 달한다고 한다.

한국은 그로부터 23년 뒤인 1993년 대전 EXPO를 개최하였으니, 올림픽도 그렇고 엑스포도 그렇고 약 20여 년의 간격을 두고 일본의 뒤를 추격해 왔다.

필자가 중고등학교 다니던 80년대 초반에 학교 선생님들이 자주 했던 말씀이 기억난다.

"한국은 일본에 비해 20년이나 뒤처져 있어."

사실 이 말을 들을 때마다 어떤 근거로 저런 말씀을 하시나 하며 기분이 좋지는 않았지만, 지금 생각해 보면 아마도 이런 격차 때문이 아니었나 싶다. 다행인 것은 지금은 그 누구도 그런 이야기를 하지 않는다는 것이다. 다만 기초과학 분야로 깊이 들어가면 그 차이는 여전하다는 걸 부정할 수는 없다. 그리고 그 격차를 줄이는 것이 오늘을 살고 있는 우리의 몫이기도 하다.

이제 쇼와 시대(1926~1989)를 살펴 보도록 하자. 쇼와 시대의 기간이 다소 길어 1973년을 기점으로 필자가 임의로 전후반기를 나누었는데, 이때가 전 세계에 막대한 경제적 타격을 입힌 오일쇼크가 발발했고, 이로 인해 일본 역시 고도성장이 쇠퇴하기 시작한 시기였기 때문이다.

이렇게 볼 때 쇼와 시대 전반기(1926~1973)는 일본의 고도경제성장 과정과 맞물려 주로 서구의 신기술을 도입하여 제품을 개발하는 과정에서 소화-흡수-개량 방식을 취했던 기간이었다. 그리고 이때는 일본의 대(對)미 무역 흑자가 1965년 20억 달러에서 1968년 30억 달러, 1971년도에는 84억 달러에 도달하는 등 매년 증가 추세를 보였던 시기이기도 하다.

우리나라가 1964년 11월이 돼서야 수출 1억 달러를 달성하여 전 국민이 눈물을 흘리며 길거리마다 현수막을 걸었던 때를 되돌아보면 일본과의 격차가 어느 정도인지 실감이 날 것이다. 그리고 1968년 일본의 GNP는 서독을 능가하여 세계 2위의 경제 대국으로 급부상하였다.

그런데 쇼와 시대 후반기(1973~1989)로 접어들면서 양상이 조금씩 달라지기 시작한다. 전반기에서 보인 개량된 기술력과 달리 이때부터는 일본이 독자적인 기술력을 확보하면서 매년 천억 달러 이상의 경상수지 흑자를 냈다. 처음에는 토요타, 닛산, 마츠다 등의 자동차 산업이 미국의 포드와 GM, 그리고 크라이슬러 등을 제쳤고, 이어 전기전자 회사인 소니, 마츠시타, 토시바 등이 GE, 웨스팅하우스, 제니스 등을 앞질러 나갔다. 미국 어린이들은 소니가 미국 브랜드인 줄 알고 성장한다는 이야기가 사실처럼 퍼질 정도로, 일본 제품은 그 기술력을 인정받아 미국 소비자들의 가정에까지 깊숙이 침입하게 되었다.

첨단 반도체 칩에서도 일본 제품은 모토로라 제품과의 가격 경쟁에서 승리하였고, 후지츠는 컴퓨터 분야에서 난공불락의 철옹성 같은 IBM에 도전장을 던졌다. 미국에서 일본계가 아닌 오토바이 산업은 할리 데이비슨(HARLEY-DAVIDSON) 하나만 덩그러니 남았을 뿐이고, 스타인웨이(STEINWAY & SONS)를 비롯한 미국의 피아노 회사들의 매출 실적은 일본의 야마하(YAMAHA)와 상대가 되지 못했다.

그뿐만이 아니다. 자전거에서 스키 용구, 설상(雪上) 자동차와 도자기, 하다못해 지퍼(zipper)에서도 일제의 전 세계 시장 지배력은 정교함과 내구성을 무기로 상승해 나갔다.

쇼와 시대의 일본은 로봇산업에서 우주항공 분야에 이르기까지 기술력을 확보하면서 미국의 첨단기술을 추격하였으며, 일본의 기술력은 1978년에 이르러 시계, 가전기기, 종합화학, 합성고무, 알루미늄 제품, 알루미늄 제련, 전선, 보통강, 특수강, 시멘트, 세라믹스 등의 11개 산업 분야에서 세계 제1의 수준에 오를 정도로 일취월장하였다.

일본의 기술이 이렇듯 급속도로 발전할 수 있었던 것은 동서냉전 체제하에서 미국이나 서구가 군사용 기술에 공을 들인 것과는 달리 일본은 군사용이 아닌 민생용 주도의 기술 혁신을 일으켰고, 이것이 내구재 보급에 상당한 공헌을 한 결과라고 해석할 수 있다.

결국 미국은 대일무역적자를 견디다 못해 플라자합의(Plaza Accord, 1985. 9. 22.)를 강제했고, 일본은 이제 과거의 경제 대국을 추억하며 서서히 화려했던 쇼와 시대의 막을 내리기 시작한다.

플라자 합의 이후 엔화가치의 급격한 상승은 일본경제와 사회에 엄청난 변화를 몰고 왔다. 수출 기업 입장에서 엔고는 세계 시장에서 경쟁력을 갖추기 어렵다 보니 일본 정부는 자구책을 마련하기 위해 국내 수요를 확대하고 이를 통해 미국과의 무역수지 흑자를 축소시키기 위한 대응을 마련해 나갔다. 그것이 바로 기술 개발과 원가 절감이다. 그래서 이때 일본 기업들의 해외 연구소가 설립되기 시작했고 아시아 국가들에 진출하게 된 것이다. 하루 아침에 기술 개발을 통한 경쟁력을 갖추기 힘들다 보니 대기업들을 중심으로 채산성을 맞추기 위해 생산기지를 저개발국가로 이전하기 시작하면서 풍부한 노동력이 준비된 한국에도 진출하였던 것이다.

그러나 일본 정부는 과학기술의 진보에 대해서는 잊지 않고 있었다. 1986년, 일본이 한참 엔고 현상으로 버블이 진행되는 가운데 '과학기술정책대망'(科學技術政策大綱)을 각의결정하고는 7개 분야의 중점 분야를 선정하여 이 분야들을 연구할 수 있는 기틀을 마련했던 것이다.

각각은 다음과 같다.

1) 물질·재료계 과학기술
2) 정보·전자계 과학기술
3) 라이프 사이언스

4) 소프트계 과학기술

5) 우주 과학기술

6) 해양 과학기술

7) 지구 과학기술

이러한 과학기술 추진 체제는 쇼와 시대가 끝나고 난 후에도 헤이세이 시대로 이어졌고, 1995년 '과학기술기본법'이 성립되자 중점 분야는 더욱 공고히 다져 나갔다.

자, 이제 쇼와 시대의 후반기를 정리해 보도록 하자. 히로히토 천황의 사망(1989)에 이르기까지는 어쨌든 전반기에서 보여주었던 해외 선진 기술을 도입하고 흡수하여 개량 방식을 취한 것과는 달리, 후반기에는 일본식 창조적 기술 개발을 위해 R&D를 강화해 나가면서 정부가 기업들과 함께 힘을 모았다. 이것이 기초기반 기술에 대한 공동연구개발 프로그램을 조직하여 개별 기업의 기술 능력을 향상시키는 데 기여하면서 원천기술을 보유할 수 있게 된 원동력이 되었다.

2) 쇼와 시대의 노벨상 수상자

1949년 노벨물리학상 수상자
유카와 히데키(湯川秀樹, 1907~1981)

출처: 교토대학 총무부홍보과 편집부 자료

유카와는 도쿄에서 출생했지만 이후 아버지가 교토대학 교수로 취임하면서 인생의 대부분을 교토에서 지냈다. 그는 전자보다는 무겁고 양성자보다는 가벼운 중간자의 존재를 예측하고 그 성질에 대해 연구함으로써 원자핵과 우주복사에 대한 연구에 크게 기여한 공로로 1949년 일본 최초로 노벨상을 받았다. 1934년 유카와 교수가 핵력에 대한 이론적인 연구로 중간자의 존재를 예측하기 전까지 중간자는 전혀 알려지지 않은 입자였다.

사실 유카와는 최첨단 연구 영역이라고 할 수 있는 양자역학에 대해 관심을 가지고 있었지만 이를 지도해 줄 스승을 만나지 못해 독학으로 연구하여 결국 '중간자'라는 소립자의 존재를 발견하고 이를 통해 당시 풀리지 않았던 원자핵의 힘의 비밀을 풀 수 있었던 것이다. 자신과의 고독한 싸움에서 승리한 유카와의 노벨상 수상 소식은 제2차 세계대전의 패배 후에 침체되었던 일본 국민들에게 어둠 속의 빛을 보여주면서 국민적인 영웅으로 우뚝 올라섰다.

1949년 유카와의 수상 소식 이후로 태어난 남자 또래 아이들 사이에서는 '히데키'란 이름이 유행할 정도였다고 하니, 그 인기가 어느 정도였을지 짐작이 간다. 유카와는 수상 이후 반핵운동, 평화운동에도 적극 참여하였다. 그런 연유로 1966년에는 노벨평화상 후보로 추천받기도 했다. 같은 해 유네스코세계문화유산인 히로시마 평화기념공원에 있는 평화의상(平和の像) 대좌에는 유카와의 단카(短歌)인 "まがつびよ ふたたびここに くるなかれ 平和をいのる 人の みぞここは"(재앙의 불이여 두 번 다시 이곳에 오지 마라 이곳은 평화를 기원하는 사람만이...)가 새겨져 있다.

한편 유카와에 뒤이어 1965년에 그의 라이벌이자 동료인 도모나가 신이치로까지 노벨물리학상을 수상하면서 기초과학분야, 특히 이론물리학에 많은 젊은이들이 매력을 느끼고는 경쟁적으로 대학원에 몰려들었다고 한다.

1965년 노벨물리학상 수상자
도모나가 신이치로(朝永振一郎, 1906~1979)

도모나가는 바로 앞에서 소개했던 유카와와 성장 과정이 거의 비슷하다. 도쿄에서 태어나 초등학교 들어갈 즈음 부친이 교토대학 철학과 교수로 부임하면서 교토에서 성장했는데, 중학교 5학년 (현재 고2에 해당)일 당시 아인슈타인이 일본에 왔다는 뉴스를 듣고 내용도 모르는 물리책을 빌려 시공간의 상대성이론, 4차원의 세계 등 물리의 신비로움과 매력에 빠져 물리학을 공부하기로 결심한다.

한편 도모나가는 유카와보다 한 살 더 많지만 교토대학 입학을 같이 했기 때문에 동기생이자 라이벌 관계이기도 하다. 그는 교토대를 졸업한 후 일본에 양자역학을 정착시켜 일본 물리학의 아버지로 불리는 니시나 요시오(仁科芳雄)의 권유에 따라 리켄(理研)의 연구원으로 입사하였으며, 이후 1937년 독일 라이프치히의 하이젠베르크 연구실에 들어가 연구 활동(1937~1939)을 이어갔다. 이곳에서 도모나가는 원자핵 물리학과 양자전기역학을 공부했다. 그러나 도모나가는 이곳에서 연구만 한 게 아니다. 그는 하이젠베르크의 학문에 대한 열정, 그의 연구방법 등에 대해서도 큰 감명을 받고 일본에 돌아와 동경문리과대학(현 츠쿠바대학)에 교수로 오면서 양자 다체계 연구를 이어 나가 상대성 이론과 모순되지 않는 양자전기역학의 방정식을 발견해 냈다. 하이젠베르크는 2023년 8월 개봉한 영화 〈오펜하이머〉*에 등장하는 인물이기도 하다.

도모나가는 일본 물리학의 발전을 위해 지대한 공헌을 이룩했다. 1943년 초다시간이론을 완성했으며 1953년 중간결합체계이론을 발표하고, 1955년에는 도쿄대학에 원자핵연구소를 설립했다. 1965년 리처드 파인만(Richard Feynman, 1918~1988), 줄리언 슈윙거(Julian Schwinger, 1918~1994)와 공동으로 노벨물리학상을 수상했다.

여담이지만, 당시 도모나가는 골절상을 입어 스톡홀름의 수상식에는 가지 못했다고 한다.

---

* 제2차 세계대전 당시 핵물리학자인 로버트 오펜하이머가 미국에서 극비로 추진했던 원자폭탄 개발 계획인 '맨해튼 프로젝트'를 총괄하면서 벌어진 이야기를 다룬 영화다.

1973년 노벨물리학상 수상자
에사키 레오나(江崎玲於奈, 1925~)

오사카(大阪) 출신의 에사키는 제2차 세계대전 직후인 1947년 도쿄대학 물리학과를 졸업하고 소니의 전신인 도쿄통신기계공업 재직 중에 반도체 연구실의 주임연구원으로 고체 내에서의 터널효과를 발견했다. 이 터널링 효과를 이용한 소자인 터널 다이오드(일명 'Esaki diode')라는 반도체 부품은 이렇게 탄생했다. 한편 당시 에사키의 회고록을 보면 그는 애국심에 차 있는 듯 이렇게 고백하고 있다. *

---

*   三浦憲一(1981), 『ノーベル賞の発想』, 朝日新聞社

"물리학과 공학, 그런 방면으로 나가보려고 생각하고 있다. 물론 내 자신이 먹고 살아갈 수 있을 만한 직업을 찾아야 하겠지만, 내가 하는 일을 통해서 일본도 부흥할 수 있게, 얼마쯤은 공헌할 수도 있지 않을까 하고 생각했다."

그러나 에사키는 일본의 연구 환경에 실망하여 1960년 미국으로 건너가 뉴욕 요크타운에 있는 IBM 왓슨 연구소에 들어가 반도체 초격차 구조를 만드는 데 성공했다. 그로부터 30년이 지난 후에야 일본으로 귀국하여 츠쿠바대학(筑波大学) 총장으로 재직하면서 산관학 연계 거점을 설립하기도 했다.

초전도체 내에서 동일한 터널 효과를 발견한 공로로 1973년 미국의 I. 예이베르(Ivar Giaever), B. D. 조지프슨(Brian David Josephson)과 함께 공동으로 노벨물리학상을 받았다. 연구에 몰두했을 당시 에사키는 박사 학위를 갖고 있지는 않았고, 더군다나 대학이 아닌 민간 기업에서 이루어낸 업적이었기 때문에 그 의미가 더 컸다. 이 말을 달리 해석하면 민간 기업의 연구 수준이 노벨상을 받을 정도였다는 것이고, 또 일반기업에서도 기초과학의 중요성에 대해 충분히 인식하고 있었다는 것이다. 2023년 기준 한국 나이로 99세를 맞이한 에사키는 아직도 건강한 편이다.

1981년 노벨화학상 수상자
후쿠이 겐이치(福井謙一, 1918~1998)

출처: 마이니치신문(2022. 1. 21.)

나라현(奈良県) 출신으로 어렸을 때 '파브르 곤충기' 책을 옆에 끼고 놀 정도로 자연에 강한 흥미를 가진 청소년기를 보냈다고 한다. 구제고등학교를 거쳐 교토대학 공학부 공업화학과에서 공부한 후에 24세의 젊은 나이에 모교의 강사로 임명되었지만, 당시 일본이 전시 체제였기 때문에 단기 장교로 임명받아 일본 육군연료연구소에서 근무한 경력이 있다.

1952년에 '프론티어전자 궤도이론' 제1보를, 1964년에 '궤도 대칭성과 선택 규칙'의 이론을, 그리고 '화학반응 과정의 이론적 연구'의 공로를 인정받아 미국 하버드대학의 로얄드 호프만(Roald Hoffmann) 교수와 함께 노벨화학상을 수상하였다. 일본인으로서 화학상을 받은 것은 후쿠이가 처음이다. 물질을 구성하는 전자가 원자핵 주변을 궤도를 그리며 운동한다고 하는 양자론을 기본으로 하여 물질이 화학반응을 일으킬 때의 전자의 역할을 설명한 것이다. 후쿠이의 이론은 물질의 성질이나 기능을 분자 수준에서 설명하고 있기 때문에 반도체에 사용되는 실리콘의 가공기술이나 의약품 개발 등 타 산업분야에서도 폭넓게 응용되어 왔다.

한편 그는 노벨상을 수상한 후에 다양한 사회 활동을 하면서 일본의 기초과학의 중요성을 대변하기도 했다. 1985년 뉴사이언티스트지와의 인터뷰에서 후쿠이는 일본의 대학과 과학계의 연공서열식 체계를 비판했으며, 이는 일본 과학자들의 창의성과 독창성을 방해하는 시스템이므로 일본의 과학 육성을 위해서는 문화를 바꿔야 한다고 주장했다. 한국 입장에서는 부러울 만한 일본의 기초과학 분야지만, 속내를 들여다 보면 일본의 전통적 관습은 비판받을 점이라며 이를 공적으로 언급하여 젊은 연구자들에게 힘을 실어주었다는 점에서 존경할 만한 분이라고 생각한다.

출처: 일본 TV Asahi (2021. 10. 4.) 방송 캡처

　나고야(名古屋) 출신의 도네가와는 고등학교를 졸업할 때까지 생물 과목을 듣지 않았기 때문에 인간의 신체가 세포로 구성되어 있다는 것을 대학에 들어가서야 알게 되어 친구들에게 바보 취급을 당했다고 한다. * 1년 재수 후에 입학한 교토대학 화학과를 졸업한 뒤에는 미국 캘리포니아 샌디에이고대학교에서 분자생물학으로 박사 학위를 받았고, 그 후 유전자에 대하여 주로 연구하면서 세계적인 생물학자로 그 이름을 알렸다. 1971년 스위스 바젤면역학연

* 　立花隆·利根川進(1993),『精神と物質』, 文春文庫

구소 주임연구원이 되어 면역에 관한 유전자를 연구한 뒤, 미국으로 건너가 1981년부터 MIT대학 암연구소의 교수로 연구 활동을 이어갔다.

면역학 방어 구조에 관한 세계적 권위자로, 일본인으로서는 두 번째로 영국의 하베이기념재단에서 강연할 정도로 세계적인 명성을 높여왔고, 이러한 공로로 일본 정부로부터 문화훈장을 받았다. 1976년 바젤면역학연구소에 있을 때 '다양한 항체생성에 관한 유전학적 원칙'을 규명한 공로로 노벨생리의학상을 수상하였다. 일본인으로서 생리의학상은 이때가 최초의 수상이었다.

그러나 도네가와의 화려했던 경력과 이미지는 그가 말년에 문제를 일으키는 바람에 훼손당하기도 했다. 도네가와가 2006년 미국의 MIT 내 다른 연구소의 여성 연구자에게 사퇴를 압박하는 메일을 보낸 것이 문제가 되어 고발당하는 일이 벌어진 것이다. MIT가 내부 조사한 바로는 '부적절한 내용이 메일에 포함되어 있었지만 여성 차별이라는 증거는 없다'는 것으로 매듭이 지어졌지만, 이 일로 인해 도네가와는 MIT 내 자신이 맡고 있던 연구센터 소장직을 내려놓아야만 했다. 이후 리켄(理研)의 뇌과학종합연구센터의 센터장이란 직책으로 일본에 귀국했다.

3. 헤이세이 시대(1989~2019) xxxxxxxxxxxxxxxx

1) 헤이세이 시대의 주요 과학기술 발전 단계

헤이세이 시대에 접어들자 일본은 서구 선진국으로부터 과학기술을 수입하여 육성해 온 정책의 무게 중심을 옮겨 이제는 일본 스스로 육성할 수 있는 과학기술기본법을 제정(1995)하면서 과학기술의 기반을 튼튼히 다졌다. 즉 과학기술이 어려운 학문 분야라고 피상적으로 접근하는 것이 아니라 실용적인 측면에서 혁신의 개념을 본격적으로 도입하였으며, 여기에 더해 인문·사회과학을 통합하는 과학 기술발전을 추진하겠다는 의지를 보인 것이다. * 그리고 이후부터 5년에 한 번씩 과학기술기본계획을 세워 일본 과학기술의 정

---

* 우리나라는 2001년에 동일한 이름으로 '과학기술기본법'을 제정하였다. 과학기술 발전 기반을 조성해서 국가경쟁력을 강화하고 국민의 삶의 질 향상을 도모하기 위해(일본보다는 6년 뒤에) 제정한 법률이다.

<표 6> 헤이세이 시대의 주요 과학기술

연도	이슈 및 내용
1995년	과학기술기본법 제정
2000년	산업기술력강화법 책정
2001년	문부과학성 발족 및 종합과학기술회의 설치
2002년	유토리 교육
2013년	국립대학의 벤처캐피털 등 출자 가능하도록 산업경쟁력강화법 성립
2016년	안전 보장기술연구추진제도 시행

책적인 지원과 육성을 아끼지 않았으며, 내각이 수시로 바뀌어도 정책만은 일관성을 갖고 오늘날에 이르기까지 지속적으로 유지해 왔다.

이후 '과학기술창조국가'를 내세워 2001년의 '과학기술기본계획'에서는 '향후 50년간 30명의 노벨과학상 수상'을 목표로 내세웠는데, 20여 년이 지난 지금, 이에 대한 중간평가를 내린다면 목표 달성이 가능할 것으로 보인다. 이는 기초과학연구에 대한 일본 정부의 일관적이고 지속적인 정책이 뒷받침되고 있기에 가능한 것이다. 아울러 2001년에는 종합과학기술회의(CSTP)를 설치해 인재를 육성하고 신기술 지식 개발을 지원해 왔다. CSTP는 내각부에 설치된 과학기술분야에 관한 일본 정부의 주요 정책을 기획, 입안하고 조정하기 위한 조직으로 내각총리대신을 수장으로 하여 관계각료 및 유식자, 그리고 의원 등으로 구성되어 있다. 이곳에서는 과학기술에 관한 기본적인 정책의 조사심의, 예산, 인재 배분에 관한 심의, 주요 연구개발에 관한 평가 등을 시행한다.

한편 일본은 과학기술을 외교와 접목하기 위해 2008년 5월, 종합과학기술회의가 책정한 「과학기술외교의 강화를 위해(科学技術外交の強化に向けて)」라는 보고서를 통해 과학기술과 외교를 어떻게 접목시킬지에 대해서도 본격적으로 검토했다. 과학기술외교를 하고자 하는 이유는 크게 두 가지이다.

1) 기술 혁신이 일으키는 안보 환경의 변화를 다각적으로 파악하여 외교정책 및 안전 보장전략을 책정하는 데 공헌한다.
2) 외교정책 비중이 높은 군비 관리, 군축과 불확산, 과학기술 분야에서 새로운 접근 방법으로 무인화 및 로봇기술을 이용한 병기의 확산 방지, 인도적 이용에 있어서의 정보 수집, 연구의 축적에 의해 일본이 국제적인 논의를 리드하고 영향력을 향상시키는 것에 기여한다.

2013년 12월 처음 책정된 '국가안전 보장전략'에서는 '기술력 강화'의 중요성을 지적하면서 일본이 보유하고 있는 에너지 절감 및 환경 관련 기술 등을 통해 지구 규모 과제를 해결하는 데 있어 일본이 외교적으로 중요한 역할을 감당할 수 있도록 적극적으로 활용해 나갈 것이라고 기술되어 있다.

한편 과학기술력의 저하가 국가안전 보장상의 커다란 위협이라는 인식을 갖고 있던 일본 정부는 2016년, 중요 기술의 연구개발을 정부 기금에 의해 지원하는 '안전보장기술연구추진제도'를 시행하면서 혁신성을 갖출만한 기초연구를 육성해 왔다. 무슨 말인고 하면, 방위 분야에 적용 가능한 신기술이 등장하면서 방위기술과 민생기술의 경계가 사라지는 민군겸용기술(dual use technology)을 적극적으로 활용하여 방위 장비에 적용 가능하도록 하겠다는 것이다. 이러한 환경 변화에 대응하기 위해 만든 안전보장기술연구추진제도를 통해 외부의 우수한 연구자들로부터 연구 제안을 모집하고 기초연구를 대상으로 공모를 진행해 왔다. 예를 들어 2019년 공모 당시 총 57건 중 채택된 과제는 기업이 7건, 공공연구기관이 7건, 그리고 대학이 2건 등 총 16건이다. 2022년의 경우에는 24개 과제가 채택되었는데, 채택된 연구 과제들을 살펴봤더니 주로 항공기, 자율주행, 통신기술, 위성, 레이저 등등의 연구 주제들로, 역시 기초연구라고는 하지만 결국은 방위산업에 적용 가능한, 즉 군사 기술로 전용 가능한 연구 주제들이 대부분 채택된 것으로 봐도 무방하다.

헤이세이 시대에 빠질 수 없는 중요한 키워드이자 일본이 주목한 과학발전은 우주산업이다. 여기에 가장 핵심으로 등장한 기업은 미츠비시중공업이다. 미츠비시중공업에서는 2009년부터 2016년에 이르는 동안 HTV(H-II Transfer Vehicle, 우주스테이션 보급기) 우주선을 6회 발사한 경력이 있고, 최근(2023. 9. 7.) 세계에서 다섯 번째로 우주선을 달에 착륙시키기 위해 가고시마현(鹿児島県) 다네가시마 우주센터에서 대형 우주선 'H2A 47호'를 발사하는 데 성공했다. H2A 47호는 예정된 궤도까지 상승해 탑재한 관측 위성 크리즘과 소형 달착륙선 슬림을 분리하는 데 성공했다.

과거 미국과 소련의 전유물이었던 우주항공산업에 일본이 뛰어들면서 이와 관련한 과학기술 역시 동반 성장하고 있다. 일본의 우주항공연구개발기구(JAXA)는 2024년까지 인간을 달에 착륙시키는 것을 목표로 '아르테미스 프로그램'을 계획하고 미국과 그 외 국가들과도 적극적으로 협력해 나가고 있다.* 물론 국내기업들과의 협력도 빼놓을 수 없는 부분이다. 2019년 3월, JAXA는 토요타와 제휴하여 달 탐사를 위한 '수소 연료 전지 자동차'를 개발하겠다고 발표했다. 토요타는 이미 수소 연료 자동차를 시장에 투입했기 때문에 개발 가능성이 높다는 평가를 받고 있으며, 2029년까지 수소 연

---

* 아르테미스 계획(Artemis Program)은 2017년 미국이 출자한 유인우주비행계획으로 NASA와 유럽 우주국(ESA), 일본의 JAXA가 계획하였지만, 우리나라도 2021년 5월, 문재인 대통령 당시에 참여하기로 결정한 국제 협정 프로그램이다.

료 탐사차를 이용해 총 5회에 걸쳐 달 탐사를 하겠다는 계획의 실행 가능성을 높게 보고 있다.

2) 헤이세이 시대의 노벨상 수상자

◇◇

2000년 노벨화학상 수상자
시라카와 히데키(白川英樹, 1936~)

◇◇

출처: 일본 시사통신사(2000. 10. 18.)

1936년 도쿄에서 태어났으나 4살 때 대만과 중국 만주로 이사해 유년 시절을 보내다가 패전 후 일본으로 돌아왔다. 1976년, 뉴질랜드 출생의 펜실베니아대학 교수 맥다이어미드(Alan G. MacDiarmid)가 당시 무명의 연구자였던 시라카와를 초빙하면서 노벨상의 명예까지 안겨주게 되었다. 시라카와는 중학교 때 졸업 문집에 '장래의 꿈이 플라스틱 연구자'라는 글을 쓴 적이 있는데, 훗날이 꿈을 현실로 이루어낸 셈이다.

시라카와는 펜실베니아대학에서 3년간의 유학을 마치고 1979년 츠쿠바대학(筑波大学) 공학부 교수가 되어 일본에 귀국하였다. 시라카와가 수상하기 이전의 노벨상 수상자들은 모두 구제국대학 출신이었는데, 시라카와가 처음으로 이러한 범주를 벗어난 도쿄공업대 출신이라는 점이 그를 더욱 돋보이게 하였다.

시라카와의 연구 영역을 살펴보면, 일반적으로 플라스틱은 전기가 잘 통하지 않는 성질이 있어 전자제품의 케이스나 전선의 피복면, 그리고 반도체 부품의 패키징(packaging) 재료에 사용되는데, 시라카와는 플라스틱 재료도 전기가 통할 수 있다는 전도성 고분자를 발견했다. 이러한 공로를 인정받아 2000년 앨런 J. 히거(Alan J. Heeger), 앨런 맥다이어미드(Alan G. MacDiarmid)와 함께 노벨화학상을 수상하였다.

본 저서의 결론 부분에서도 언급되지만, 물리나 화학 전공자들 중 노벨상을 수상한 인물들의 경험담을 보면 어렸을 때 풍요로운 자연 속에서 곤충 채집이나 동식물들의 움직임에 흥미를 가졌다는 이야기가 자주 보이는데, 이런 경험이 물리의 신비로움과 화학의 경이로움을 터득하는 밑바탕이 된 것이 아닌가 하는 생각이 든다. 일본 기후현(岐阜縣)의 소도시로 온천과 산악마을로 유명한 다카야마(高山)에서 어린 시절을 보낸 시라카와 역시 마찬가지였다.

2001년 노벨화학상 수상자
노요리 료지(野依良治, 1938~)

효고현(兵庫県) 출신의 노요리 교수는 중학교 때에 나일론이 석탄과 물과 공기에서 만들어졌다는 이야기를 듣고 화학자가 되겠다는 꿈을 품게 됐다고 한다. 그 후 교토대학 공학부를 거쳐 교토대학에서 석박사 학위까지 수료했다.

노요리 교수는 한국경제신문과의 인터뷰(2002. 10. 10.)에서 "화학은 섬세하고 치밀한 동양인들의 기질에 잘 맞아 한국에서도 노벨상 수상자가 나올 수 있을 것"이라며 "일본인 유전자 속에는 백제시대에 일본에 전래된 기능과 정신, 그리고 문화가 숨쉬고 있다."라는 말로 한국과의 인연을 각별히 강조했다. 사실 그는 일본의 정치적 사안에 대해서도 과감한 발언을 했다. 미국에서 박사학위를 받는 일본인이 중국의 1/20, 한국의 1/6에 지나지 않아 10년 후에는 일본 정치인들이 과학기술 예산을 삭감한 것을 후회할 것이라며 정부를 비판한 것이다. *

노요리 교수는 광학 이성질체 가운데 원하는 한 가지만 얻을 수 있는 광학활성촉매 개발과 광학합성물질 합성법의 산업화에 기여한 공로로 미국의 몬산토사 연구원이던 놀스(William Standish Knowles), MIT 화학과 교수인 샤플리스(Karl Barry Sharpless)와 함께 노벨화학상을 수상했다. 2016년에는 포항공과대학이 개교 30주년을 맞아 노요리 교수를 초빙하여 명예이학박사를 수여하기도 했다. 노요리 교수는 명언 제조기라고 할 만큼 많은 명언들을 남겼다. 몇 가지만 소개하고자 한다.

"유기화학은 마작보다 쉽고 마작보다 재미있는 학문이다."

"(정부의 과학기술 예산 삭감에 대해)역사라고 하는 법정에 설 각오는 되어 있는가?"

"생각하는 힘, 답변하는 힘이 부족하다는 말이 많지만, 진짜 걱정되는 것은 '물어보는 힘'이 없다는 점이다."

---

* 일본 매일신문(2009. 11. 25.), "事業仕分け : ノーベル賞受賞者の野依さん、科技予算削減を批判" 기사 참조

2002년 노벨물리학상 수상자
고시바 마사토시(小柴昌俊, 1926~2020)

일본 헤이세이 천황과 환담을 나누는 고시바 마사토시
출처: 산케이신문(2020. 11. 13.)

    고시바는 아이치현(愛知縣) 토요하시(豊橋) 출생으로 도쿄대학 물리학과를 졸업한 뒤 미국 뉴욕의 로체스터대학교에서 물리학 박사학위를 취득하였고 이후 도쿄대학 교수로 부임하였다. 고시바는 우주에서 날아온 중성미자와 X선을 처음으로 관측해 우주를 이해하는 새로운 창문을 연 공로를 인정받아 2002년 미국의 레이먼드 데이비스(Raymond Davis), 리카르도 지아코니(Riccardo Giacconi)와 공동으로 노벨물리학상을 수상했다. 일본에서는 소립자와 우주라는 두 개의 세계를 뉴트리노(neutrino)로 연결한 창시자로 소개하고 있다.

고시바가 당시 다른 어떤 노벨상 수상자들보다 주목을 받은 이유는 그가 이 상을 받기까지의 과정이 순탄하지만은 않았기 때문이다. 중학교 시절에는 소아마비에 걸려 수개월을 휴학하는 바람에 고등학교 진학에 실패했는가 하면, 도쿄대학 물리학과에 진학했을 때는 직업 군인이었던 부친이 패전 후 일본을 점령했던 미국의 GHQ에 의해 공직에서 추방되는 바람에 아르바이트로 가계를 짊어져야만 했다. 이로 인해 도쿄대학 물리학과를 꼴찌로 졸업하는 등 순탄치 않은 과정을 겪었고, 게다가 1987년 중성미자 검출에 성공하면서 매년 노벨물리학상 수상자 후보에 올랐지만 번번이 떨어지다가 2002년에 와서야 결국 수상하게 된 것이다.

때로는 연구자 개인의 실력도 중요하지만 엄청난 자본을 필요로 하는 시설 투자가 노벨상에 결정적 요소가 되기도 한다. 고시바가 그런 케이스이다. 그는 기후현(岐阜県)에 설치한 가미오칸데 시설물 건립을 직접 진두지휘하였고 이 시설물을 활용해 중성미자의 존재를 입증해 노벨상까지 수상하였다. 그는 말년에 자신의 노벨상 상금을 토대로 헤이세이기초과학재단(平成基礎科学財団)을 설립하여 과학 계몽 활동에 힘을 쏟기도 했다.

2002년 노벨화학상 수상자
다나카 고이치(田中耕一, 1959~)

출처: 닛케이사이언스(日経サイエンス) 2002년 12월 호

　다나카는 도야마현(富山県) 도야마시(富山市) 출생으로, 일본의 노벨상 수상자 29명 가운데 박사 학위 없이 학부 출신만으로 노벨상을 받은 유일한 수상자이면서, 일본에서 가장 대중적인 인기를 얻은 노벨상 수상자이기도 하다. 다나카가 가는 곳마다 연예인 저리 가라 할 정도로 수많은 군중이 몰려들었는데, 이는 아마도 그의 학력과 출신 배경, 그리고 노벨상 수상 이후에도 여전히 연구에 몰입하는 과정 등을 통해 얻은 당연한 결과라고 할 수 있다.

　우선 그는 출생 배경부터가 남다르다. 마치 영화와 같다. 출생 1개월 만에 어머니가 사망하고 숙부 집에 양자로 들어가 자랐다. 그런데 그 사실을 모른 채 센다이(仙台)에 있는 도후쿠대학(東北大学)에 입학하고 호적 초본을 제출하면서 자신이 양자였다는 사실을 알고는 그 쇼크로 1학년 때 방황하다가 낙제를 면하지 못했다. 그러나 이후 마음을 바로 잡고 열심히 공부해 졸업할 때는 상위 10%의 우수학 성적을 받아 자신있게 소니에 지원 원서를 제출했지만 입사 시험에서 떨어졌다. 이후 1983년 시마즈제작소(島津製作所)에 입사하여 지극히 평범한 엔지니어로 생활해 왔기 때문에 그 누구도 다나카와 노벨상은 연결점이 없다고 생각했을 것이다. 왜냐하면 그때까지는 석박사 학위가 없는 분이 노벨상을 수상한 전례가 없었기 때문이다.

시마즈제작소는 다나카가 노벨상을 수상한 후에 그의 평범한 연구원 신분에 부담을 느끼고는 그에게 이사직을 제안했지만 다나카는 이를 거절하고 여전히 연구원직으로 남아서 실험을 계속하는 꾸준함을 보여주기도 했다. 그가 연성레이저 이탈 기법을 통한 단백질 등 고분자 물질의 질량 측정 방법을 개발했던 당시의 나이는 불과 28세였을 때이다. 이때의 공로를 인정받아 2002년 노벨상을 받은 것이다.

2008년 노벨물리상 수상자
난부 요이치로(南部陽一郎, 1921~2015), 미국적

출처: 노벨재단

    도쿄에서 태어난 난부 박사는 2살 때 관동대지진을 겪은 후 부모님의 고향인 후쿠이현(福井県)으로 이사를 갔다. 이후 구제고등학교를 거쳐 도쿄대학을 2년 반 만에 졸업한 난부 교수는 태평양 전쟁 중 육군기술중위로 레이더연구실에서 1년간 군 생활을 보낸 후 도쿄대학으로 돌아와서는 3년여간이란 긴 시절을 연구실에서 자고 먹고 하면서 연구에 몰두했다고 한다. 이러한 학문적 열정을 바탕으로 2008년 난부 교수는 '자발 대칭 깨짐'을 발견한 공로로 노벨물리학상을 받았다. 노벨상을 받던 2008년에는 미국 국적이었지만 연구 업적의 근거는 시카고대학 교수로 재직할 때인 1960년 업적으로 받은 것이다. 이때는 아직 일본 국적이었다.

1950년, 앞서 노벨물리학상을 받았던 도모나가의 추천으로 다수의 저명한 물리학자들과 함께 오사카시립대학 이공학부의 이론 물리학그룹을 만들었고 오사카시립대 물리학과 교수로 임용되었지만, 이후 또 다시 도모나가의 추천으로 미국의 프린스턴고등연구소로 이적하여 연구 활동을 지속해 나갔다. 이때 당시 연구소 소장이 최근에 개봉했던 영화 〈오펜하이머〉의 오펜하이머였다. 이곳에서 난부는 아인슈타인과 두 번이나 만날 수 있는 기회를 얻기도 했는데, 이때 아인슈타인은 양자역학은 신용할 수 없는 분야라고 필사적으로 설명했다고 한다.* 어쨌든 이때의 연구 실적 덕분에 시카고대학의 핵물리연구소에 입사할 수 있었다.

1970년 미국적을 취득했으며 2008년에 시카고대학교 물리학과 페르미 국립 가속기 연구소 명예교수, 오사카시립대학의 명예교수로 재직했다. 후쿠이시에서는 난부 박사의 업적을 높이 평가하여 후쿠이시 명예시민증을 수여하기도 했다.

노벨상을 받을 당시의 나이를 생각하면 일본의 수상자 가운데 최장년의 수상자로 기록된다.

---

* 「南部陽一郎, 私の理論を理解できなかったアインシュタイン」, 月刊現代最終号(2009年 1月), p.58

2008년 노벨물리학상 수상자
고바야시 마코토(小林 誠, 1944~)

고바야시는 일본 중부지역의 아이치현(愛知県) 나고야시(名古屋市) 출신으로 나고야대학(名古屋大学) 학부부터 시작해 박사과정까지 연구를 해왔으며 교토대학과 일본 고에너지물리학연구소를 거쳐, 2003년 소립자원자핵연구소 소장이 되었다. 일본 총리를 역임했던 가이후 도시키(海部俊樹, 총리 재임 기간: 1989. 8.~1991. 11.)와는 사촌 관계이기도 하다.

고바야시는 어렸을 때 원리적인 성질에 흥미를 보였지만 그렇다고 다른 과목에 비해 수학이나 물리에서 월등히 뛰어난 재능을 보인 것은 아니었다. 학부 시절 지도교수인 사카다 쇼이치(坂田昌一, 1911~1970) 교수 연구실에 들어와 막연했던 소립자 세계가 현실적으로 다가오면서 연구에 몰두했다. 1973년 대학원에 입학한 후에는, 바로 다음 순서에서 소개할 5년 선배였던 마스카와와 함께 고바야시·마스카와 이론을 정립하였고, 이때 마스카와가 소립자 쿼크가 6종이라는 가설을 세우자 이를 이론적으로 증명해 냈다. '불연속적인 대칭 깨짐'에 대한 이론을 제창한 물리학자로, 소립자 물리학을 연구해 우주의 대칭성이 깨질 수 있다는 이론적 근거를 제시하여, 바로 앞에서 소개했던 미국 시카고대학교 엔리코 페르미 연구소의 난부 요이치로 박사와 일본 교토대학교 유카와 이론물리연구소(YITP)의 마스카와 도시히데 박사와 함께 2008년 노벨물리학상을 수상하였다.

그는 일본의 기초과학에 대한 염려를 서슴없이 발언하기로도 유명하다. 일본 대학의 기초연구비가 점점 삭감되고 있다는 점에 대해 일본의 미래에 나쁜 영향을 미칠 것이라며, 일상적인 연구 기반이 침해되지 않도록 하기 위해서는 기초연구에 대한 지원을 아끼지 말아야 한다고 강조했다. *

---

* 일본우주항공연구개발기구(JAXA) 아카이브즈(アーカイブス) 인터뷰 내용(2008. 12. 11.)

2008년 노벨물리학상 수상자
마스카와 도시히데(益川敏英, 1940~2021)

2008년 12월, 노벨상 수상식 종료 후 아내 아키코(明子)와 함께 인터뷰에 응하고 있다.
출처: 도쿄신문(2021. 7. 30.)

아이치현(愛知県) 나고야시(名古屋市) 출생으로 부모님은 자신들이 경영하던 설탕 도매상을 이어받길 원했지만, 마스카와는 고등학교 1학년 때 소립자 모델에 흥미를 갖고는 나고야대학에 입학했다. 대학을 떨어지면 가업을 물려받기로 약속했는데 다행히 합격하여 나고야대학 이학부에서 소립자 공부를 할 수 있었다. 바로 앞서 소개했던 고바야시와는 한참 후배였지만 학문적으로는 동반자로 존중했으며, 두 분의 공동 논문은 일본의 역대 논문 중 피인용 횟수가 가장 많은 논문으로도 유명하다. 마스카와 교수가 독창적 아이디어를 제시하면 고바야시가 수학적으로 이를 증명하여 이론을 정립하는 방식으로 소립자 연구의 길을 함께 걸어왔다.

그는 학창 시절 영어를 못해 문과를 포기하였고, 대학원 진학 때에도 영어와 국어 성적이 좋지 않아 입학마저 쉽지 않았는데, 마침 그의 스승 사카다 쇼이치 교수가 그의 물리학 실력을 인정하고는 영어 시험을 면제해주는 특혜까지 주면서 제자로 삼았다고 한다. 마스카와는 노벨상 수상 후에도 영어에 대한 콤플렉스 때문인지 "영어는 못해도 물리는 할 수 있다."라는 발언을 해 더 유명해졌다. 해외에 나가본 적이 없기 때문에 여권조차 만든 적이 없을 만큼 순수 국내파 과학자이다.

그는 스웨덴 스톡홀름대학에서 수상 강연을 할 때에도 "I can not speak English."라고 말하며 일본어로 진행했는데, 해당 대학에서 일본어 강연이 행해진 것은 1968년 가와바타 야스나리(川端康成, 1968 노벨문학상 수상)의 강연 이후 40년 만이었다. 이후 혹시나 자신의 발언이 일본의 젊은 학생들에게 영어 공부를 안 해도 된다는 안도감을 준 게 아닌가 하고 의식했는지, "영어를 할 수 있다면 그보다 좋은 것은 없다."라고 하여 자신 때문에 일본 사회에 '영어를 못해도 괜찮다'는 풍조가 확산되지 않도록 못을 박았다.

2008년 노벨화학상 수상자
시모무라 오사무(下村 脩, 1928~2018)

아내와 함께 수상을 기뻐하는 시모무라
출처: 도쿄신문(2021. 7. 30.)

시모무라는 교토(京都)의 후쿠치야마시(福知山市)에서 군인의 아들로 태어났다. 중학생 때 제2차 세계대전이 발발하면서 군수공장에 동원되어 노역을 한 적이 있고, 그가 16세가 되던 해인 1945년 8월 9일, 나가사키(長崎)에 원폭이 떨어졌을 때 원폭 중심에서 20여 킬로미터 떨어진 곳에서 원폭을 직접 경험하기도 했다. 학교가 원폭으로 파괴된 탓에 중학교 졸업 후 공부를 제대로 하지 않아서 고등학교 입학할 때까지 3년이나 재수를 하였다. 이후 나가사키대학 약학전문부를 졸업하고 나고야대학 이학부 연구생으로 재학 중 풀

브라이트 유학생으로 미국 프린스턴대학과 보스턴대학 등에서 연구 활동을 했지만, 최종 학위는 나고야대학에서 취득한 박사학위이다.

시모무라는 미국 프린스턴대학의 연구원으로 근무하던 1960년대 해파리가 빛을 갖고 있던 원리를 밝혀 녹색형광단백질(GFP)을 발견했다. 그로부터 30년이 지나 다른 연구자가 세포 내에서 움직이는 분자에 붙어 추적하는 표시로서의 이용법을 개발하면서 GFP는 질병이나 생명의 구조를 풀어내는 연구에 필수적인 도구가 되었다. 2008년 해파리에서 녹색형광단백질을 발견하고 또 이를 발전시킨 공로로, 미국의 마틴 챌피(Martin Chalfie), 그리고 로저 첸(Martin Chalfie)과 함께 공동 수상했다.

사실 그는 프린스턴대학과 보스턴대학 등 주로 미국에서 연구 활동을 했기 때문에 노벨상을 받기 전까지는 일본에 알려지지 않은 학자였다. 앞서 시모무라가 원폭을 경험했다고 소개했는데, 그래서인지 2008년 노벨상 수상 강연에서 원폭 투하와 관련한 전쟁 체험을 소개하였으며, 이후에도 원폭 투하를 강하게 비판하는 등 핵병기 폐기를 주장해 왔다.

2010년 노벨화학상 수상자
스즈키 아키라(鈴木 章, 1930~)

출처: 일본 시사통신사(2010. 12. 13.)

스즈키는 홋카이도대학(北海道大学)에 입학할 당시 수학을 전공할 생각이었지만, 하버드대학의 피저(Fieser) 교수 부부가 쓴 『Textbook of organic chemistry』를 읽고는 전공을 화학으로 결정했다고 한다. 홋카이도대학 공학부 조교수 시절에 미국 퍼듀대학의 브라운(Herbert C. Brown: 1979년 노벨화학상 수상) 교수가 저술한 붕소화합물의 합성에 관한 300여 쪽의 『Hydroboration』을 읽고 이듬해 브라운 교수를 찾아가 연구원(1963~1965)이 된 것이 노벨상과 관련된 연구를 한 결정적인 계기였다고 한다(朝日新聞, 2010. 10. 7a).

'팔라듐 촉매'를 활용해 유기 할로겐 화합물과 유기 붕소 화합물을 연결시키는 '스즈키/미야우라 반응'을 발견한 공로를 인정받아, 바로 다음에 소개할 네기시 교수와 함께 노벨화학상을 공동 수상하였다. 홋카이도대학 출신으로는 첫번째 수상자이기도 하다.

스즈키는 이후 활발한 강연 활동을 하면서 몇 가지 중요한 명언을 남겼다.

"연구비를 받기 위해 자신의 신념을 굽히지 않는다."
"일을 성공시키기 위해서는 진지하게 연구에 임해야 하고 결과를 파악하면서 지속적으로 연구한다. 그렇게 하지 않는다면 행운은 따라오지 않는다."
"이공계를 목표로 하는 일본의 젊은이들이 줄고 있다는 현실은 매우 슬픈 일이다. 자원이 부족한 나라에서는 사람의 노력으로 얻는 지식밖에는 없다." *

* 2010년 10월 6일, 홋카이도대학에서의 기자회견 당시의 발언이다. 필자는 우리나라나 일본이나 과학 분야의 형편이 비슷하다고 생각한다. 지명도 높은 학자들의 이러한 발언이 언론과 대중매체에 자주 노출되어야 기초과학 및 과학계의 필요성을 공감할 수 있을 것이다. 특히 2023년 한국 기초과학의 R&D 예산 감축으로 위기의식이 고조되고 있는 상황에서 공감하는 바가 더 크다.

2010년 노벨화학상 수상자
네기시 에이치(根岸英一, 1935~2021)

스웨덴 스톡홀름 수상식에서 아내 스미레와 함께[*]
출처: AFP뉴스(2010. 12. 10.)

네기시 교수는 제2차 세계대전 직전인 1935년 만주국 장춘시에서 태어나 일제강점기 시절 우리나라 성동구에서 해방 전까지 지낸 특이한 이력을 갖고 있다. 1958년 도쿄대학 공학부 응용화학과를 졸업하였으며 공학부 출신으로는 첫 번째 수상자이기도 하다.

---

* 2018년 3월, 미국 일리노이주에서 네기시가 운전하던 차량이 사고를 당하면서 현지 경찰에 구조 요청을 했지만, 당시 살인적인 추위에 차량 밖으로 나간 남편 네기시를 찾으러 차 밖으로 나온 스미레 부인은 저체온증으로 사망에 이르렀다. 미국 경찰국에서는 스미레 부인의 사망과 관련하여 범죄 혐의에 대한 의심을 제기했지만 최종적으로는 '저체온증으로 인한 사망'으로 결론지었다.

도쿄대학 재학 당시 장학금을 받았던 제국인조견사(현 帝人, 테이진)에 입사해 다니던 중 풀브라이트 장학생으로 선발되면서 휴직하고 미국 펜실베니아대학에 유학하여 박사 학위(1963)를 받았다. 이때 노벨상 수상자들과 만날 수 있는 기회를 얻으면서 자신도 가능성이 있다는 꿈을 갖게 되었고, 미국의 시라큐스대학 및 퍼듀대학 교수로 재임하면서 연구활동을 지속하다가 2010년 최초 입사했던 테이진 기업의 명예펠로우로 초빙되어 일본으로 돌아왔다. 그러나 일본의 연구실이나 연구소의 연공서열이라는 일본식 문화는, 미국에서 50여 년간 살면서 자유로운 토론과 연구 방식에 익숙해진 네기시에게는 적응하기 어려운 측면이 있어 다시 미국으로 돌아가 퍼듀대학 교수가 되었다.

네기시는 팔라듐을 촉매로 하여 탄소끼리 효율적으로 연결하는 획기적인 합성법을 개발한 공로로, 바로 위에서 소개했던 스즈키 아키라, 그리고 미국의 리처드 헤크(Richard Frederick Heck)와 함께 공동으로 노벨화학상을 수상하였다.

2012년 노벨생리의학상 수상자
야마나카 신야(山中伸弥, 1962~)

스웨덴 스톡홀름의 노벨상 수상식에서 어머니 미나코(美奈子) 여사와 함께
출처: 프레지던트우먼(2017년 9월 호)

　야마나카는 오사카(大阪) 출신으로 고베대학(神戶大学)을 졸업한 후 정형외과 의사의 길로 들어섰지만, 의사로서 적성이 맞지 않아 진로를 바꾸어 사람을 살리는 신약 개발을 하는 연구자로 전환한 케이스이다. 2003년 일본 과학기술진흥기구(JST)*로부터 5년간 3억

---

* 　일본과학기술진흥기구(JST: Japan Science & Technology Agency)는 1996년 일본과학기술정보센터(JST)와 신기술사업단(JRDC)을 통합해 만든 기구이다. JST는 주로 과학기술정보의 유통, 연구 교류, 신기술 창조와 관련한 기초연구 및 신기술의 개발, 그리고 그 성과를 보급하는 것이 주된 업무이다.

엔의 연구비를 지원받아 연구에 매진하면서 인간인공다능성 줄기세포(iPSC, induced pluripotent stem cell) 개발에 성공하였다. 5년의 지원이 끝난 2007년부터는 다시 5년간 총 70억 엔을 지원받아 같은 주제의 연구를 계속할 수 있는 여건을 마련하였고, 그 결과 성인의 피부에 발암유전자 4가지 종류 등의 유전자를 도입하는 것만으로 ES 세포(embryonic stem cell)와 유사한 iPS 세포를 생성하는 기술을 개발하였다.

과거 한국의 '황우석식 줄기세포'인 체세포 복제 배아나 수정란에서 추출한 줄기세포는 여성의 난자를 이용했기 때문에 생명윤리적인 비판을 피할 수 없었지만, 야마나카는 환자의 세포를 이용해 역분화 과정을 통해 만능줄기세포를 만든 것으로 높게 평가받고 있다. *

2012년, 성숙하고 분화된 세포를 미성숙한 세포로 역분화해 다시 모든 조직으로 발전시킬 수 있다는 사실을 발견한 공로로 영국의 존 거든(John Bertrand Gurdon)과 함께 공동으로 노벨생리의학상을 수상했다.

---

* 한겨레신문(2012. 10. 8.), "노벨의학상에 일본 야마나카, 영국 거든" 기사 참고.

2014년 노벨물리학상 수상자
아카사키 이사무(赤崎 勇, 1929~2021)

2014년 세 명의 일본인 노벨물리학상 수상자들
(왼쪽 첫 번째부터 아카사키 이사무, 아마노 히로시, 나카무라 슈지)
출처: 일본 경제신문(2021. 4. 2.)

1929년 가고시마현(鹿児島県)에서 태어난 아카사키 교수는 교토대학 이학부 화학과 출신으로 졸업 후 고베공업(현재 덴소텐, DENSOTEN)에 입사하여 국산 브라운관 개발을 담당했다. 이후 나고야대학(名古屋大学)으로 적을 옮겨 불가능에 가깝다는 고휘도 청색 발광 다이오드(청색 LED)를 세계 최초로 개발하면서, 바로 다음에 소개할 아마노 히로시, 나카무라 슈지와 함께 공동으로 노벨물리학상을 수상했다.

2014년 노벨물리학상 수상자
아마노 히로시(天野 浩, 1960~)

청색 LED를 들고 강연하고 있는 아마노 나고야대학 교수
출처: 시코쿠신문사(四国新聞社, 2023. 9. 11.)

후쿠오카현(静岡県) 하마마츠시(浜松市) 출신으로 나고야대학에
서 학부와 석박사과정을 마쳤으며, 노벨상을 공동 수상한 아카사
키 교수가 지도교수이다. 학생 시절부터 열심히 공부하고 뭐든지
파악하려고 하는 성격이라 아카사키 교수로부터 추천을 받아 박사
과정에 입학했다고 하는데, 이는 지금도 여전하여 아마노 교수의
연구실은 평일이건 휴일이건 24시간 불야성을 이룰 정도로 연구원
들과 함께 연구에 몰두하고 있는 것으로 유명하다.

2014년 노벨물리학상 수상자
나카무라 슈지(中村修二, 1954~), 미국적

한국의 특허청이 주최한 지식재산보호특별강연회에서 강연 중인 나카무라 교수
출처: 연합뉴스(2015. 12. 3.) 특허청 제공 사진

    나카무라 슈지는 도쿠시마대학(德島大学)을 졸업한 후 니치아화학공업주식회사(日亜化学工業株式会社)에 입사하였고 근무 기간에 청색 LED를 개발하여 제품화에 이어질 수 있도록 공헌하였다. 노벨위원회가 '수상자들의 청색 LED 발명은 혁명적이었다.'라고 말할 정도로 친환경적인 발명과 개발이었다. 이렇게 자신의 연구 덕분에 회사가 천문학적인 수익을 벌어들였지만 회사가 특허를 등록하고 소유했기 때문에 그에 따른 인센티브는 터무니없는 금액이었다. 보통 일본인들 같으면 회사 덕분에 내 가족이 먹고 살 수 있고, 또 자신이 소속되어 있는 회사 기기로 연구를 했으니 출원과 특허

는 당연히 회사의 재산이라고 생각했을 텐데 나카무라는 그렇게 하지 않았던 것이다. 이후 미국으로 건너 가 현재 미국 캘리포니아 대학(산타바바라) 교수로 재직하면서 미국 국적을 취득했다.

그래서 나카무라는 가장 일본스럽지 않은 수상자라고도 할 수 있다. 왜냐면 일본 과학자로서 이민이나 취업 때문이 아니라 자발적으로 일본 국적을 포기한 상당히 드문 케이스이기도 하거니와, 일본의 경직된 기업 문화를 신랄하게 비판하고 기업을 상대로 소송하여 승소하고 난 후에 국적을 버리고 떠났기 때문이다. * 일본은 이중국적을 용인하지 않기 때문에 현재 나카무라의 국적이 미국이라는 점은 인정하지만, 그가 노벨상을 받게 된 결정적인 배경 연구와 학업은 모두 일본에서 수행하였기 때문에 국적과 상관없이 일본인이 받은 것으로 하는 것이 맞다는 인식을 갖고 있다.

---

* 나카무라가 LED 소자를 개발하고 상용화까지 이끌었지만 니치아화학에서 받은 인센티브라고는 고작 2만 엔의 특별 수당이 전부였다고 한다. 결국 1999년 회사를 사직하고는 회사를 상대로 소송을 내서 1심에서 200억 엔 보상 판결을 받았다. 회사는 이에 불복하고 항소한 결과 최종 8억 4천만 엔을 지불하는 것으로 끝냈다. 나카무라 교수는 이후 미국적을 취득하면서 일본과의 연을 끊었다. 그는 한국 LED 조명용 패키지 제조사인 서울반도체와 자회사인 서울바이오시스의 기술고문을 10년째 맡으면서 연구 작업에 협력 관계를 맺고 있다.

2015년 노벨물리학상 수상자
가지타 다카아키(梶田隆章, 1959~)

출처: 도쿄대학 홈페이지

사이타마현(埼玉県) 히가시마츠야마시(東松山市) 출신의 가지타 교수는 어린 시절 하루 종일 책을 끼고 있어 아버지에게 지적을 받을 때가 많았는데 그때에는 어딘가 숨어서라도 책을 읽을 정도로 독서광이었다고 한다. 그는 한국에는 잘 알려지지 않은 사이타마대학(埼玉大学)에서 물리학을 전공하였으며, 이후 도쿄대학 대학원에 입학하여 2002년 노벨상을 받은 고시바 마사토시 연구실에 들어갔다. 이후 중성미자(Neutrino)가 질량이 있다는 것을 나타내는 중성미자 진동의 발견으로 아서 B. 맥도널드(Arthur B. McDonald)와 함께 2015년에 노벨물리학상을 수상하였다.

가지타는 기후현(岐阜県)에 설치된 지하 1,000미터의 가미오칸데 시설물을 이용해서 관측한 결과물로 노벨상을 수상했다. 1982년 착공하여 1983년 4월 완공된 가미오칸데는 약 5,000톤의 순수한 물을 담은 특수 물탱크에 1,000여 개의 광전자증폭관(Photo Multiplier Tube) 등을 포함한 거대한 시설물이다.

이후 일본은 가미오칸데와 원리는 동일하지만 성능을 보다 향상시키기 위해 1991년 12월부터 착공하기 시작해 1996년 4월에 슈퍼가미오칸데를 완공하였다. 지하에 건설한 것은 대기 분자 등에 의한 교란이나 노이즈 등을 최소화하기 위해서인데, 이 시설물은 가미오칸데보다 15배나 크기 때문에 관측 데이터가 비약적으로 증가하였고 가지타 교수는 이곳을 활용해 중성미자가 질량을 갖고 있다는 것을 확인한 것이다. 이 시설물을 이용하여 노벨물리학상을 받은 두 번째 케이스이다.

가지타 교수는 노벨상을 받기 전이나 지금이나 여전히 술이나 담배도 하지 않으며 취미도 없을 정도로 연구에 집중하고 있는데, 이러한 자기 검열은 후진 양성을 위해서라고 인터뷰에서 밝혔다. *

---

* 일본 마이니치신문사 인터뷰(2015. 10. 7.), "ノーベル賞：梶田さん「消去法」で科学への道" 내용 참고.

2015년 노벨생리의학상 수상자
오무라 사토시(大村 智, 1935~)

　야마나시현(山梨県) 출신의 오무라 교수는 야마나시대학(山梨大学) 학예학부 자연과학과를 졸업했다. 오무라는 미생물이 생산하는 유용한 천연 유기화합물의 탐색을 지속적으로 연구해 온 결과 약 480종이 넘는 신규 화합물을 발견해 냈고, 이들에 관한 기초부터 응용까지 폭넓은 분야를 연구해 왔다. 그중 약 25종은 의약과 동물학, 농약과 생명 현상을 해명하기 위한 연구용 시약으로 만들어졌고 이것이 인류의 건강과 복지향상에 기여했다고 인정받은 것이다.

　오무라는 화학적으로 변형된 형태인 이버멕틴(Ivermectin)으로 각막을 감염시켜 실명을 유발할 수 있는 강변 실명증과 코끼리증에 효과가 입증된 에버멕틴(evermectin)을 정제한 균주를 배양하는 데 성공했다. 이렇게 새로운 치료 효과를 발휘하는 이버멕틴을 개발한 공로로 미국 드류대학의 윌리엄 C. 캠벨(William C. Campbell)과 공동으로 2015년 노벨생리의학상을 수상하였다.

그렇다면 노벨상을 수상할 정도의 이버멕틴은 얼마나 대단한 약일까? WHO는 아프리카와 라틴 아메리카의 열대 국가에 살고 있는 약 2억 500만 명 중 2,090만 명이 강변 실명증 또는 코끼리증에 감염되었고 그중 115만여 명이 실명했다고 보고했다. 이러한 상황에서 1987년 미국의 제약회사 머크와 기타사토 연구소에서 이버멕틴을 무료로 제공하기 시작했고, 각 마을에서 일 년에 한 번 그룹으로 복용하여 사상충증을 근절하는 프로그램이 시작되었다. 이버멕틴이 인간의 건강과 복지 증진에 크게 기여한다는 것을 보여준 것이다.

이렇듯 긴 시간 동안 외면받던 회선사상충증 환자들이 빛을 볼 수 있게 된 것은 한 명의 외로운 과학자의 인류애가 있었기 때문이다. 공명심도 아니고 재물욕도 아닌, 오로지 인류가 질병에서 자유로워지기를 바라는 마음으로 일생 동안 끈기 있게 연구에 매진했던 분이 오무라 사토시이다.

2016년 노벨생리의학상 수상자
오스미 요시노리(大隅良典, 1945~)

자신의 연구실에서 세포 중에 있는 리사이클의 원리를 설명하고 있는 오스미 교수
출처: NHK(2022. 9. 27.)

　오스미 교수는 큐슈의 후쿠오카현(福岡県) 후쿠오카시(福岡市) 출신으로 아버지가 큐슈대학 공학부 교수였기 때문에 학문적 환경은 좋은 편이었다. 어렸을 때 후쿠오카시 외곽의 자연에 둘러싸인 곳에서 살다 보니 자연스럽게 자연과학과 관련한 책을 많이 읽으면서 과학에 흥미를 가졌다고 한다.

　그는 미국의 록펠러대학에 박사연구원으로 잠깐 유학을 간 적이 있는데, 그때는 자신이 동양인이고 또 얼굴이 어려 보인다는 이유로 무시하거나 깔보는 경향이 너무 싫어서 수염을 기르기 시작한 것이 지금은 그의 트레이트 마크가 되었다.

그는 자기포식(autophagy)의 메커니즘을 발견한 공로를 인정받아 2016년 단독으로 노벨생리의학상을 수상했다. 세포가 자기 안에 쌓인 단백질 노폐물을 청소하는 과정에서 아미노산이라는 영양분을 만드는데, 이 과정이 제대로 기능하지 못하면 노폐물이 몸 안에 쌓여 이것이 암이 될 수도 있고 치매와 파킨슨병을 일으킬 수도 있다.

오스미 교수는 자기포식에 관여하는 유전자를 찾아냈고 이 덕분에 암, 치매, 파킨슨병 등의 치료가 한 걸음 진전했다는 평가를 받고 있다. 오스미 교수가 이 연구를 시작한 해는 1993년부터이다. 이후 2016년에 노벨상을 받았으니 무려 23년간 하나의 주제로 꾸준히 연구해 왔다는 것을 알 수 있다.

주일한국대사관이 고령화, 전염병, 기후변화 등 다양한 분야에서 한일 양국의 학자들이 협력할 수 있는 길을 마련하고자 기획한 '제1차 한일과학기술혁신포럼'(2022. 11. 25.)에서 기조강연자로 강단에 선 오스미 교수는 이렇게 언급했다.

"과학과 기술, 그리고 여기에 더해 문화 분야에서도 한국과의 교류가 늘어나길 바란다."

필자 역시 그렇게 되길 진심으로 기대하고 있다.

2018년 노벨생리의학상 수상자
혼조 다스쿠(本庶 佑, 1942~)

혼조 교수가 한양대에서 명예의학박사 학위를 받은 뒤 기념 연설을 하고 있다.
출처: 한양대학교 홈페이지 미디어전략센터(2019. 10. 4.)

교토(京都) 출신의 혼조 교수는 태평양전쟁 당시 도야마시(富山市)에 살던 집이 공습으로 불타버려 방공호로 피신을 했는데, 그곳 역시 안전하지 못해 소이탄이 떨어졌지만 물이 고인 곳이어서 불발되었다고 한다. 혼조는 그때 만일 폭탄이 터졌다면 자신 역시 살아남지 못했다면서 전쟁의 참혹함을 기억하고 있다. 그는 의사이자 교수였던 아버지의 영향으로 교토대학 의학부를 졸업하고 대학원 재학 중에 의사국가시험에 합격했다. 암이 발견된 이후 수많은 학자와 의사들이 줄곧 '암과의 전쟁'을 선포하고 120여 년에 걸쳐 인간 면역계를 이용해 암을 막아낼 방법을 궁리해왔으나 뚜렷한 해법을 찾지 못했다. 앨리슨 교수와 혼조 교수는 바로 이런 인류의 어려운 숙제에 해결의 실마리를 제공함으로써 암과의 전쟁에서 중요한 한 걸음을 내디딜 수 있게 해줬다.

1992년 혼조 교수는 세포 사멸을 연구하다 새로운 단백질을 발견하고 이를 PD-1(Programed Cell Death-protein 1)이라고 명명했다. 훗날 PD-L1(Programmed death-ligand 1)이 암세포에 많이 발현될 경우 T세포가 암을 공격하지 못하고 무력화되며, 암이 더욱 빠르고 공격적으로 자라게 된다는 사실을 발표했다. 더 나아가 암에 걸린 생쥐에서 PD-1과 PD-L1의 상호작용을 막는 항체를 투여하면 암의 성장이 억제된다는 사실도 확인했다.

그는 면역 요법을 이용한 새로운 암 치료법을 제시하는 등 의학 발전에 크게 공헌한 점을 인정받아 미국 텍사스주립대 면역학자인 제임스 앨리슨(James P. Allison) 교수와 공동으로 2018년 노벨생리의학상을 수여했다.

2019년 9월, 혼조는 한양대학교에서 명예의학박사 학위를 받았다. 한양대는 혼조 교수에게 학위를 주는 이유에 대해 그가 면역요법을 이용한 새로운 암 치료법을 제시하여 의학 발전에 공헌했기 때문이라고 밝혔다.

4. 레이와 시대(2019~) ◇◇◇◇◇◇◇◇◇◇◇◇◇◇◇◇◇◇◇◇◇◇◇

1) 레이와 시대의 주요 과학기술 발전 단계

레이와 시대로 접어들면서 일본의 가장 큰 숙제는 아날로그에
서 디지털 사회로의 전환을 이루고자 하는 것이다. 이에 따라 디
지털 사회를 구축하기 위해 가장 필요한 핵심 기술을 반도체로 인
식하고, 반도체 및 디지털 산업 전략의 기본적인 개념을 제시하
였다. 이는 일본이 Society5.0이라는 4차 산업혁명을 성공시키기
위해 반도체 및 디지털 산업과 관련하여 글로벌 시장에서 경쟁력
을 높이고 공감대를 형성하기 위한 토대를 마련하기 위함이다. *
Society5.0 사회는 기존 정보사회의 한계를 뛰어 넘어 사람과 사

---

* 일본 과학기술 정책의 최상위 기구인 내각부 산하 종합과학기술·이노베이션회의에서는 2016
년 1월 제5기 과학기술기본계획을 발표하면서 기술적 변화가 촉발할 새로운 사회상을 '초스
마트사회(Society 5.0)'라는 이름으로 제시했다. 이 계획에 따르면 Society1.0은 수렵사회,
Society2.0은 농업사회, Society3.0은 산업사회, Society4.0은 정보사회로 구분된다.

물, 그리고 각종 시스템이 사이버 공간으로 연결되고, 인공지능을 통해 얻은 최적의 결과물에 의해 새로운 사회적 가치를 제공하는 사회를 의미한다.

이런 사회를 만들기 위해 일본은 정부 주도하에 5G를 비롯, Big Data, AI, 로봇, 자율주행 등에서 반도체를 국가 안보와 직결된 전략 물자로 인식하고, '종합이노베이션전략2021', '성장전략2021', '디지털사회 실현을 위한 중점계획'(2021. 6.), '반도체·디지털산업전략'(2021. 6.) 등의 정책 문건들을 연속적으로 제시하였다. 특히 2021년 9월에는 Society5.0을 구현하기 위한 사이버 공간 구축을 위해서, 그리고 디지털 사회로의 전환을 적극 추진하기 위해 디지털청을 설립하는 등 정부 조직을 재정비하기도 했다. *

한편 일본은 경제 안보를 보장하기 위한 핵심 기술 품목 20개를 '특정 중요 기술'로 지정하면서 여기에 포함되는 기술을 '외부에 빼앗기거나 다른 나라가 독점할 경우 국가와 국민의 안전을 위협할 우려가 있는 기술'이라고 정의했다. 일본 정부는 특정 중요 기술을 개발할 경우 이를 지원하기 위해 정부 기관과 분야별 민간 연구자

---

* '디지털청 설치법'(2021년 법률 제36호)에 근거하여 설립된 디지털청은 약 600명의 직원 규모로 구성되어 있으며, 이 중에는 민간부문 출신 200여 명이 포함되어 있다. 민간 출신의 전문인재를 발탁한 이유는 관민이 함께 행정 및 사회 전반의 디지털화를 추진하는 과정에서 주요 의사 결정 과정에 참여하도록 하기 위함이다.

가 참여하는 민관협의체를 설치하고 이 협의체에 5천억 엔 규모의
개발자금을 지원하는 한편, 특정 중요기술이 경쟁국에 유출되지
않도록 정부가 직접 관리하겠다는 의지를 표명했다.

<표 7> 일본의 핵심 기술 품목으로 선정된 20개의 '특정 중요 기술' 분류 체계

중분류	소분류
운송·이동	극초음속, 운송
컴퓨터	인공지능·기계학습, 첨단컴퓨팅, 마이크로프로세서반도체, 양자정보과학
인체	의료·공중위생(게놈학 포함), 뇌컴퓨터·인터페이스
영역	우주 관련, 해양 관련
공학·소재	바이오, 첨단엔지니어링·제조, 로봇공학, 첨단재료과학
네트워크	첨단감시·측위센서, 데이터과학·분석·축적·운용, 고도정보통신네트워크, 사이버보안
에너지	첨단에너지·축에너지, 화학·생물·방사성물질 및 핵(CBRN)

자료: 내각부(2022) 자료, p.7 및 요미우리신문 기사(2022. 7. 18.) 참조

앞서 1995년에 제정한 과학기술기본법을 소개했는데, 이에 근
거하여 '과학기술기본계획'을 책정하여 오늘날에 이르기까지 30여
년간을 6단계(6기)로 구분한 후 지속적으로 실행해 오고 있다. 30여
년간에 이르는 장기 프로젝트에서 강조하고 있는 두 가지 공통점
은 기술 입국을 위한 인재 육성과 이를 위한 재정적 지원을 하겠다

는 것으로 요약할 수 있다.

이렇게 총 6기에 걸친 과학기술기본계획을 정리하자면, 1~3
기는 일본 과학기술의 예산 확충기, 4기는 상용화기, 5기는
Society5.0의 제안기, 그리고 제6기에서는 '인문사회진흥' 및 '혁신

<표 8> 일본의 과학기술기본계획(1996~2025)의 흐름

기간	과학기술 기본계획	주요 내용 및 키워드
1996 ~2000	제1기	• 박사후 연구원 1만 명 지원 등 산학관 연계 제도 정비
2001 ~2005	제2기	• 산학관 연계로 인재 육성 중시 • 대학발 벤처 1천 개 계획 • 향후 50년간 30명의 노벨과학상 수상 목표
2006 ~2010	제3기	• 대학의 지식활동이 사회적 가치로 연결되도록 각종 인재 양성 프로그램 가동
2011 ~2015	제4기	• 기초연구, 자유연구, 학술연구 등의 연구비 지원(1,970억 엔) • 젊은 연구자 육성 및 지원
2016 ~2020	제5기	• 문샷형(moonshot) 연구개발제도 등 혁신창출 추진* • 젊은 연구자 연구 중점 지원
2021 ~2025	제6기	• 정부·민간 합산 연구개발 목표액 150조 엔 책정 • 자연과학과 인문사회과학을 융합한 종합지식 강조 → 신진연구자 육성 • Society5.0 실현 및 방향성 제시

자료: 일본문부과학성 홈페이지 자료 참고 저자 작성

---

* 파괴적인 혁신을 불러 일으킬 '문샷 프로그램'(Moonshot R&D Program, 2020. 1.)을 만들어
고령화사회, 글로벌 환경 변화, 첨단기술 발굴 등의 영역에서 과학기술 혁신과 산업혁신에 대
한 기대를 높이겠다는 것이다.

창출'을 통한 본격적인 사회변혁 착수기로 구분할 수 있다.

이 중 레이와 시대에 해당하는 제6기를 중심으로 일본의 과학기술 과정을 설명해 보고자 한다.

제6기의 3대 방향으로는 ①사회변혁, ②연구역량 강화, ③교육 및 인재양성을 선정하였고, 이를 달성하기 위해 6기에 해당하는 5년간(2021~2025)은 약 30조 엔 규모의 정부 연구개발 투자를 확보하였다. 또 이를 마중물로 하여 과학기술 분야의 연구 능력을 키우는 사업에도 민관 합산 총 150조 엔 규모의 연구개발비를 투자하기로 했다. 아울러 온실가스 배출을 줄이는 저탄소 기술 개발과 디지털 사회로의 전환과 관련된 첨단 연구 활동을 중점적으로 지원한다.

2022년부터는 대학의 연구 환경을 개선하기 위해 10조 엔 규모의 정부 기금을 새로 만들어 운용 수익으로 대학에 배분토록 하는 한편, 인공지능(AI)을 전공하는 박사 과정의 우수한 학생들에게 연간 180만 엔 이상의 생활비를 지급하는 비율을 현재의 3배 수준으로 끌어올린다는 계획을 세웠다. 한마디로 6기에서는 과학기술 혁신을 위한 주요 목표를 기초과학에서 뛰어난 인재 양성을 강조하고 이를 추진하기 위해 정부가 전적으로 지원하겠다는 계획을 실현시키겠다는 것이다.

일본이 경제안보에서 중요하게 여기는 것은 '과학기술기본계획' 제6기와 별반 다르지 않다. 기술 패권에서 뒤처지지 않는 것, 반

<표 9> 레이와 시대 일본 정부 주도의 기술패권 및 산업구조 개혁 관련 내용

연 도	정부부처	주요정책문건 또는 기구	주요 내용
21. 06.	경제산업성	통상백서 2021	• 반도체 등 주요 물자의 기술 개발 및 일본 국내 생산 기반 정비 강화 강조, '경제안보'를 주요 목표로 제시
21. 06.	경제산업성	반도체·디지털 산업전략	• 일본의 반도체 및 디지털 인프라 발전 방향성 제시 • 첨단 반도체 양산 체제 구축 및 일본 국내 반도체 제조 기반 재생
21. 06.	내각부	종합 이노베이션 전략	• 일본 정부 전체의 기술 전략에 관한 방향성 제시
21. 06.	내각부	디지털사회 실현을 위한 중점계획	• 일본의 디지털화와 데이터 전략 제시
21. 11.	경제산업성	JUCIP (미일상무· 산업파트너십)	• 미일 양국 경제의 경쟁력, 강인성, 안전 보장을 강화하고 지구 규모의 공동 과제 대처 • 반도체, 5G 등 주요 산업 분야에서 공급망 강화 촉진 및 주요 기술 보호와 인프라 개발 협력 강화
22. 05.	내각부	IPEF	• 중국의 경제력 확대를 억제하기 위한 미국 주도의 다자경제협력체 • 전통적 FTA와 달리 신(新)통상의제 발의

자료: 일본외무성 및 경제산업성, 수상관저 홈페이지 자료 참고 저자 작성

도체를 기본으로 하는 글로벌 공급망을 확보하는 것, 그리고 과학기술 입국에 필요한 인재 양성과 R&D를 지원하는 것 등으로 요약할 수 있다. 아울러 오늘날 글로벌 블록 동맹이 재편되는 시점에서 일본은 미국이 주도하는 인도·태평양 경제프레임워크(IPEF)에 참여(2022. 5. 24.)하기로 결정하면서 글로벌 공급망, 디지털 경제, 신재생에너지 등 분야에서 중국 의존도는 낮추되 미국과의 첨단 기술 파트너십 구축에서는 유리한 입지를 다지기 위한 초석을 마련했다. *

기시다 후미오(岸田文雄) 총리 역시 경제성장 전략의 첫 번째 과제로 '과학기술 입국'을 제시하는 등 일본의 과학기술 정책을 제도화하겠다는 의지를 보여 왔다. 즉, 지금까지는 제도적인 기반 없이 데이터의 활용 측면을 강조해 왔다면, 이제는 과학기술 정책을 제도적으로 확립하고 추진 전략을 명확히 제시하여 기술 패권에서 뒤처지지 않겠다는 의지를 표명한 것이라고 할 수 있겠다.

특히 오늘날은 특정 기술이 안보 측면에서 중요한 공격 수단으로 전환될 수 있기 때문에 일본 정부와 기업은 외국 기술에 대한 의존도를 줄이면서 자국 기술의 불가결성을 높이고 외국에 대한 영향력을 강화하는 데 주력하겠다는 것이다. 따라서 이제는 기술 개발 연구의 목적이 자국 산업을 육성하고 국부를 확대한다는 과

---

* IPEF의 가입은 현재 일본의 경제 안보가 부각되고, 미국 역시 반도체를 전략 무기화해 안정적인 공급망을 확보하기 위해 반도체생산촉진법안, CHIPS for America 등으로 속도를 내고 있는 시점에서 우리나라도 기술 주권에 뒤처지지 않기 위해 참여를 결정하였다.

거의 산업정책에서 벗어나, 앞으로는 정부가 안전 보장상 중요하다고 판단되는 전략 물자나 기술을 특정하여 이를 관리할 뿐만 아니라 '재정 출동'을 해서라도 지원하겠다고 표명하였다. *

아울러 기시다 총리는 수상 취임(2021. 10. 4.) 후 곧바로 미 바이든 대통령과의 첫 번째 미일수뇌회담에서 중국을 의식한 인도·태평양 및 전 세계 평화와 안전, 그리고 굳건한 미일동맹을 확인하는 내용을 중심으로, '자유롭고 열린 인도·태평양'을 추진하는 한편, 양국의 중요한 역할을 QUAD(미국, 일본, 인도, 호주 등 4개국)를 통해 강화해 나갈 것을 기대한다는 내용을 발표하였다. **

한편 2021년 11월 15일, 미국 상무장관 지나 러몬드(Gina Raimond)와 일본 경제산업상 하기우다 고이치(萩生田光一)는 'JUCIP'(미일상무·산업파트너십) 설립에 합의하면서 반도체, 5G 및 그 외의 중요한 산업분야에서 양국 경제의 경쟁력, 공급망의 강인성, 그리고 안전 보장을 강화하는 한편, 지구 규모의 공동 과제를 해결하고 번영을 달성하여 자유롭고 공정한 경제 질서를 유지하겠다는 내용에 합의하였다.

---

* 　재정출동이란 경기가 안 좋을 때 세금이나 국채 등의 재정자금을 공공사업에 투자하여 공적 수요를 증가시켜 GDP나 고용, 민간소비 등을 촉진시키는 정책을 말한다.

** 　미 바이든 행정부가 대중 포위망 구축에 주력하기 위해 강조하고 있는 QUAD 4국은 반도체 등 전략물자를 명시하는 한편, 공급망 강화 분야로 희토류와 반도체, 5G 등을 강조하였다(김규판, 2021, p.14).

한편 기시다 내각(岸田文雄, 2021. 10.~)은 성장과 분배의 선순환구조를 정착시켜 일본이 과거 30여 년간 빠져나오지 못했던 디플레이션과 경기침체에서 벗어나 '일본 부흥'으로 이어가겠다며 '새로운 자본주의'라는 슬로건을 내세웠다. 이중 일본의 기초과학과 관련하여 새로운 자본주의를 실행에 옮기는 데 따른 중요한 정책 중 하나인 '스타트업 육성 5개년 계획'을 소개하고자 한다.

과거 일본경제를 견인하면서 글로벌 기업으로 성장한 기업들의 창업자나 CEO 중에는 20대 30대에 스타트업으로 출발한 케이스가 다수 있다. 예를 들어 소니(Sony)를 창업한 이부카 마사루(井深 大, 1908~1997)와 모리타 아키오(盛田昭夫, 1921~1999)가 그렇고, 혼다(Honda)를 세운 혼다 소이치로(本田宗一郎, 1906~1991), 그리고 최근에 이르러는 소프트 뱅크(Soft Bank)의 손 마사요시(孫正義, 1957~)나 라쿠텐(Rakuten)의 미키타니 히로시(三木谷浩史, 1965~) 등이 좋은 사례이다. 그런데 장기간에 걸쳐 경기침체를 경험한 지금의 일본에는 글로벌 시장에 과감히 도전하려는 창업자들이 줄어들고 있으니, 이제는 스타트업(Startup) 생태계를 만들어 이를 지원하는 프로그램을 제공하겠다는 것이 현 기시다 정부의 경제방침 중 하나이다.

2022년 기준 일본의 유니콘기업(시가총액이 1천억 엔을 넘는 미상장기업) 수는 타 선진국에 비해 낮은 수준일 뿐만 아니라 스타트업과 관련한 M&A 건수에서도 미국이 1,473건, 영국 244건, 프랑스 60건,

독일 49건에 비해 일본은 15건에 불과하며, 창업률에서도 미국이 9.2%, 영국이 11.9%인데 비해 일본은 5.1%에 머물고 있다(2020년 기준).* 스타트업 기업에 대한 투자액에서도 미국의 402억, 중국 115억, 유럽 90억 달러에 비해 일본은 15억 달러에 불과하다(2020년 기준).**

<표 10> 스타트업 육성 5개년 계획 로드맵(2022~2027)

세 개의 기둥	내용
인재	스타트업 창출을 위한 인재 및 네트워크 구축 - 인재 육성 규모 현재 70인에서 2027년 500인으로 확대 목표 - 실리콘밸리 파견사업 규모 5년간 1,000인 규모 확대***
자금	스타트업을 위한 자금공급 강화와 출구전략의 다양화**** - '중소기업기반정비기구'를 통해 약 200억 엔의 출자기능 강화 - '산업혁신출자기구'를 통해 2,400억 엔 규모의 투자규모 신설
오픈 이노베이션	오픈 이노베이션 추진 - M&A를 촉진하기 위한 오픈 이노베이션 촉진 세제 적용기간 연장 - 스타트업 기업의 인재확보를 위한 노동환경 정비

자료:「スタートアップ育成5か年計画ロードマップ」참고

---

* 三菱総合研究所「大企業とベンチャー企業の経営統合の在り方に係る調査研究」(平成30年度経済産業省委託調査)

** CB Insights(2021. 3. 16.), 「The 2020 Global CVC Report」

*** 파견 인재에는 재학생 및 여성 기업가도 포함되며 대상 지역은 실리콘벨리 외에 보스턴, 뉴욕, 샌디에이고, 오스틴 등 미국의 이노베이션의 거점이라고 할 수 있는 지역 및 이스라엘과 싱가포르, 그리고 유럽까지 포함하여 인턴십 연수 등을 추가한다.

**** 그 외 관민 펀드 등의 출자기능도 강화하는 한편, 개인의 자산을 밴처 캐피털에 투자할 수 있도록 기반을 정비하는 계획을 만들었다.

그래서 기시다 내각은 2022년을 스타트업 창출원년으로 삼고, 전후 창업기에 이어 제2의 창업 붐을 실현하겠다며 유니콘 100개사, 스타트업 10만사를 목표로 일본을 아시아 최대 스타트업 허브로 만들어 세계 유수의 스타트업 집적지로 만드는 목표를 내세웠다. 아울러 이를 실행하기 위해 스타트업 담당대신을 임명하고 일원적인 사령탑 기능을 명확히 하는 한편, 경제재생실현을 위한 종합경제대책 및 보정예산을 통해 과거 최대 규모인 1조 엔의 예산조치를 각의 결정하였다. *

이 중에서 기초과학과 관련한 부분만 언급하자면, 현재 일본의 박사 과정생들에게 지급하는 연구비 지급율은 20%인데, 일본 정부는 이를 2025년까지 70%로 끌어올리겠다고 한다. 일본 역시 이공계 진학률이 낮고, 특히 석박사 과정에서도 외국 유학생들이 다수를 차지하고 있다 보니 대학원생들의 처우개선과 연구환경을 개선하지 않으면 안 되겠다는 것을 인식한 것이다. 나아가 박사과정을 수료한 지원자들이 국가공무원에 채용될 경우 초임금에 이를 가산하는 제도를 도입하고 명함에도 박사학위를 기재하는 것을 추천하기로 하였다.

이렇듯 일본은 현재 기초과학을 더욱 튼튼히 하면서 제2의 과학

---

* 2022년 10월, 스타트업담당대신으로 임명받은 고토 시게유키(後藤茂之)는 미 브라운대학 석사를 마친 경제학자이자 정치가로서 국토교통대신 정무관을 거친 후 법무대신 및 후생노동대신을 역임한 바 있는 인재이다.

기술입국을 위해 일본 정부와 관료들이 드라마틱하게도 일련의 관련 정책들을 재정비하면서 젊은 학생들의 이공계 이탈을 막기 위한 각종 인센티브 제도와 대안들을 마련하고 있다는 것을 알 수 있다.

결국 국력이란 그 나라의 과학기술 발전 수준을 통해 가늠해 볼 수 있을 것이다. 그리고 이를 뒷받침하기 위한 정부와 관료, 그리고 대학과 연구소 등이 일체가 되어 나가야 할 것이다. 생활이 어려워서, 시설과 설비가 갖추어있지 않아서, 제도에 막혀서 연구를 포기하는 일이 없도록 해야 하지 않을까?

과학기술입국(科學技術立國)이란 과학기술로 나라를 세운다는 뜻이다. 국가의 흥망성쇠를 좌우할 수 있는 키워드임을 기억해야 한다.

이러한 일련의 과정을 통해 일본은 미중 간 기술 패권이라는 주도권 다툼에 대응하기 위한 전략으로 경제 안전 보장을 국가의 중요 과제로 설정하면서 과학기술 정책을 중심으로 정부의 각종 정책 문건들을 연이어 제시하고 각종 법률안을 통과시켰다. 특히 일본이 '경제 안보'를 주요 국정 과제의 하나로 내세우면서 차세대 무기 개발 등에 이용될 수 있는 첨단 기술의 유출을 방지하기 위해 '경제안전보장추진법안'(2022. 5. 12.)을 가결한 것이 대표적이다. 일본으로서는 미중 기술 패권 경쟁이 격화되는 가운데 군사적으로 전용이 가능한 민간 기술에 대한 우려가 따르다 보니 관리 강화 측면이 강조되고 있는 상황이다.

사실, 2019년의 한일무역규제 마찰은 어떤 측면에서 보면 일본이 경제 안보 차원에서 기술을 무기화한 전략이었다고도 해석할 수 있다. 한국에 빼앗겼던 반도체 강대국 타이틀을 일본이 다시 가져오겠다는 강력한 메시지를 수출규제로 표현한 것이다.

현재 글로벌 반도체 시장에서 매출 기준으로 10위권 안에 들어와 있는 일본 기업은 단 한 곳도 없다. 일본의 입장에서는 상당한 위기의식을 느낄 수밖에 없고, 또 반도체가 국가 경제와 안보의 핵심축(linchpin)이다 보니 2021년 경제산업성이 '반도체 전략' 보고서를 근거로 하여 외국 반도체 기업이 일본에 투자할 경우 일본 정부가 보조금을 주겠다고 유도한 것이다. 실제로 한국과 대만, 그리고 미국의 글로벌 기업들이 일본에 투자할 수 있는 발판을 만들어 주었다. 삼성전자가 일본 요코하마(横浜)에 300억 엔을 투자해서 새로운 첨단 반도체 R&D 시설을 구축하고 있고, SK하이닉스도 일본 소부장 기업에 약 600억 원을 투자하기로 최근 언론을 통해 밝혔다. 미국의 반도체기업인 마이크론은 차세대형 기억용 반도체 개발과 생산을 위해 히로시마(広島)에 5천억 엔을 투자하기로 했다. 그리고 대만이 TSMC의 첨단 3D 패키징 기술연구개발센터 설립을 위해 구마모토현(熊本県)에 반도체 공장을 신설하고 있다. 총 건설비만 1조 엔에 이르고 2024년 가동을 목표로 12나노미터(nm=10억분의 1m) 공정의 반도체를 생산할 예정이다. 그런데 TSMC는 여기에서 멈추지 않았다. 교도통신(2023. 10. 13.)에 의하면, 바로 옆 부지에 2공장을 추가로 건설하겠다고 한다. 그리고 2공장에는 1공장보다 첨단이라고 할 수 있는 6나노 공정을 도입할 계획이다. 일본 정부는 제2공장에 9천억 엔의 보조금을 지원할 예정으로 현재 논의 중인 것으로 알려졌다. 이를 위해 네덜란드 반도체 장비기업 ASML의 극자외선(EUV) 노광장비 도입을 서둘러 계획하고 있다. 물론 그 이면에는 그동안 미국과 일본, 그리고 대만과 일본 간에 지속적인 반도체 분야 협력이 있어 왔기에 가능했던 것이다.

이렇듯 일본은 경제안보에서 '사활'을 건 반도체 전략 방향으로 첨단 반도체 양산 체제 구축, 차세대 첨단 반도체 설계 및 개발 강화, 반도체 기술의 그린이노베이션, 자국 내 반도체 제조기반의 재생 등을 경제 안보 관점에서 국제 전략을 추진하고 있다.

일본이 레이와 시대에 진입하면서 특히 구체적이며 흔들림 없는 대미 파트너십을 강조하고 있는 것은 바로 이러한 이유 때문이다. 나아가 국제사회와의 공동 협력, 그리고 일본 정부의 고유한 경제 안보 관련 정책 등이 총리가 의장인 내각을 중심으로 경제산업성과 함께 현장감 있게 대응 체제를 갖추어 나가고 있다는 것을 알 수 있다.

2) 레이와 시대의 노벨상 수상자

2019년 노벨화학상 수상자
요시노 아키라(吉野 彰, 1948~)

일본 경제신문사, TV도쿄, 일본 경제연구센터가 주최한 특별강연회에서
탈탄소 사회 실현을 위한 기술 개발의 중요성에 대해 요시노 교수가 강연하고 있다.
출처: 일본 경제신문(2022. 12. 23.)

요시노는 오사카부(大阪府) 스이타시(吹田市) 출신으로 아버지가
칸사이전력회사의 엔지니어였기 때문에 어렸을 때부터 기본적으
로 이공계에 관한 관심을 가졌다. 특히 초등학교 3학년 때에 담임
선생님께서 과학책을 읽도록 권장한 것이 계기가 되어 관련 도서
를 읽으며 과학자의 꿈을 키워 왔다. 이후 그는 교토대학 학부와

석사를 마치고 1972년 아사히카세이(旭化成) 기업에 연구원으로 입사하여 스마트폰이나 디지털 카메라, 컴퓨터 등에 폭넓게 이용되는 리튬이온 이차전지를 발명하였다. 특히 리튬이온 배터리는 기존의 배터리에서 문제가 되었던 충전과 방전 문제를 해결하고 고용량 소형 배터리를 통해 장거리 주행을 가능하게 해주었다. 오늘날 우리가 큰 부담 없이 전기차를 구매할 수 있는 이유 역시 배터리 기술의 발전 덕분이다. 요시노의 공로는 특히 그 이전의 리튬이온 배터리가 안정성이 없어서 상업용으로 사용하기 어려운 단점이 있었는데 이를 보완하여 양극을 탄소 재료로 대체하여 상용 리튬이온 배터리를 만든 최초의 학자라는 점이다.

이렇듯 요시노 교수는 리튬이온 배터리 개발로 화석연료 없는 친환경 무탄소 사회의 토대를 마련하면서 지구환경문제를 해결하는데 기여한 공로를 인정받아 2019년 미국의 B. 구디너프(John B. Goodenough), 스탠리 휘팅엄(M. Stanley Whittingham) 교수와 함께 노벨화학상을 수상하는 영광을 얻었다.

2021년 노벨물리학상
마나베 슈쿠로(眞鍋淑郎, 1931~), 미국적

미 프린스턴대학에서 지구온난화를 언급하고 있는 마나베 교수
출처: 도쿄신문(2021. 10. 6.)

아이치현(愛媛県) 출신의 마나베는 아버지, 할아버지 모두 의사인 집안에서 유복하게 자랐으며, 학창 시절 친구들이 놀러 가자고 해도 혼자 남아 공부만 했다고 한다. 그는 구제중고등학교를 졸업하고 도쿄대학 이학부에 입학하여 박사과정을 거친 후 1958년 미국으로 이주, 미국 국립기상국에 근무하던 중 미국 국적을 취득했다. 미국에서는 IBM 컴퓨터를 자유롭게 쓸 수 있을 만큼 연구환경이 좋았을 뿐만 아니라 일본보다 25배나 많은 급료를 받다 보니 미국적을 선택한 것이다. 물론 다른 이유도 있다. 노벨상 수상식 당시 일본 기자들이 미국적 취득에 대해 질문하자 그는 이렇게 답했다.

"일본은 조화를 중요하게 여기다 보니 서로 좋은 관계를 유지하기 위해 타인을 배려하는 마음이 크다. 반대로 미국은 다른 사람들의 기분이 어떤지에 대해 염려할 필요가 없다. 내 성격은 미국이 맞다. 그래서 일본에 돌아가고 싶지 않은 것이다."*

그는 프린스턴대학의 상석 연구원으로 지구온난화 예측에 관한 대기와 해양의 움직임을 포함한 기후모델 개발에 세계 최초로 성공했다. 즉 대기 중에 이산화탄소 농도가 2배가 되면 지표 기온은 2.36°C 올라가는 현상을 증명한 것이다. 지표에서 우주로 반사되는 에너지의 일부가 대기의 온도를 올려주고 지표에서는 적외선이 방출되어 일부는 지표에 다시 돌아오는데, 이때 공기가 이동하면서 열이 순환된다고 한다. 마나베는 고도와 기온의 관계를 밝혔는데, 시뮬레이션 데이터와 실측 데이터가 일치했던 것이다. 지구 대기 중의 이산화탄소 농도의 증가가 지구 기온상승을 일으키는 것을 밝힌 공로를 인정받아 노벨물리학상을 수상했다.

---

* HuffPost(2021. 10. 6.) 인터뷰 기사, "真鍋淑郎さんは、なぜ米国籍にしたのか。日本の人々は、いつも他人を気にしている"

빛나라 상식의 별
- 노벨상과 수상자 선정 과정

　　스웨덴의 발명가이자 실업가인 알프레드 노벨이 증여한 기금에서 출발한 노벨상은 지적 업적에 수여되는 상들 가운데 가장 권위 있는 상으로 널리 인정받고 있다. 1888년 프랑스 신문이 노벨의 형의 사망 소식을 잘못 알고 '죽음의 상인, 사망하다'라는 부음기사 오보를 실은 것이 노벨상의 계기가 되었다고 한다. 대량 살상 무기로 사용되는 다이너마이트를 발명해 막대한 부를 축적한 노벨을 그렇게 표현한 것인데, 이에 충격을 받은 노벨은 1895년 자신이 헌납할 재산 약 3,100만 스웨덴 크로나(오늘날 한화 약 2천억 원에 해당)를 기반으로 하여 5개 부문의 상을 정해 '지난해 인류의 문명 발달에 가장 큰 공헌을 한 사람들'에게 매년 수여하라는 내용을 유언장에 명기하였다. 이런 그의 유언에 따라 노벨 물리학상, 화학상, 생리의학상, 문학상, 평화상이 제정되었다. 최초의 노벨상 수상식은 노벨이 사망한 지 5년째인 1901년 12월 10일에 행해졌다. 노벨경제학상은 스웨덴 중앙은행이 설립 300주년을 맞아 추가 제정한 것으로 M. 케인즈를 기리기 위해 1969년부터 수여하기 시작하였다.

한편, 노벨상은 종류에 따라 시상 국가가 다르다. 평화상은 노르웨이 오슬로에서, 나머지는 스웨덴 스톡홀름에서 각각 열리며, 지역이나 국가, 남녀 성별에 따른 안배는 없다. 다른 노벨상은 모두 스웨덴에서 수상하는데 유독 평화상만 노르웨이인 이유는 알프레드 노벨이 유언장에서 평화상만은 노르웨이 의회에서 심사하고 시상하라고 지시했기 때문이다. 왜 그랬는지에 대해서는 명확하게 밝혀진 바는 없지만 조선일보(2010. 10. 8.) 기사를 참고하여 세 가지로 요약하자면 다음과 같다.

첫째, 노벨이 유언장을 작성한 1895년 당시 노르웨이는 자치권을 가지고 있었지만 스웨덴과 합병된 상태에서 양국민의 화합을 원했던 노벨이 통합국가의 일부분인 노르웨이에 평화상 선정을 맡기는 것이 좋겠다고 생각했다는 설이 있다.

둘째, 당시 노르웨이는 각종 국제 분쟁이 일어날 때마다 중재와 협상을 통해 평화적으로 사태를 해결했던 노력을 높이 평가했을 수 있다. 또한 노르웨이는 스웨덴과 달리 군사력으로 외국을 침략한 역사가 거의 없었다는 점에서 평화상은 노르웨이에서 주는 게 맞다고 판단했을 수 있다.

셋째, 노벨 자신이 당시 평화운동가였던 노르웨이 작가 뵈른스트예르네 뵈른손을 워낙 좋아해 그렇게 결정했다는 설도 있다.

아무튼 노벨상 상금은 지금까지는 1천만 스웨덴 크로나(약 94만 달러, 한화 14억 원 정도)가 각 수상자에게 주어졌지만 2023년 올해는 10% 증액된 1천1백만 크로나의 상금이 수여된다. 공동 수상일 경우에는 균등하게 나눠 지급되며, 평화상의 경우 단체에도 수여되나 그 외에는 개인에게만 주어지도록 돼 있다.

그러나...

노벨상 선정에 가장 큰 영향을 미치는 요인은 바로 앞서 노벨상을 받은 수상자들의 추천이라고 한다. 즉, 기존 수상자가 추천한 후보가 다음 수상자가 될 가능성이 높다는 것이다. 우리나라처럼 아직 한 명도 수상자를 배출하지 못한 국가의 입장에서는 내내 아쉬운 기준으로 보인다.

6개 분야의 노벨위원회는 매년 9월에 이듬해 수상자 후보 추천 의뢰서를 전 세계에 발송하면서 선정 절차를 시작한다. 추천서 접수는 해당 연도의 1월 31일에 마감하며 이때 심사위원단 2천 명으로부터 후보를 추천받아 이 중 300명을 추린 후 후보들을 압축하는 작업을 거쳐 자체 추천 인사까지 합해 2월 1일부터 본격 심사에 착수한다. 최종 수상자는 10월 왕립한림원에서 결정되며, 수상자는 노벨위원회 또는 보도기관으로부터 전화를 통해 수상 소식을 전달받고, 12월 10일에 있는 수상식에 참석한다. 이날이 바로 노벨의 기일(忌日)이기 때문이다.

제2장

일본 과학기술의 뼈대

1. 일본 과학기술을 위한 행정과 법률 체계

일본은 메이지유신 이후 패전까지 장기간에 걸쳐 전 세계를 상대로 전쟁을 치른 경험이 있어서 전후 새로운 행정 체계를 구축할 때에 이를 반면교사 삼아 그랜드 디자인을 그릴 수 있는 힘을 키웠다. 이게 무슨 말인고 하면, 전쟁도 그렇지만 일본의 과학기술 정책 역시 총리 단독으로 또는 공무원이나 과학자들만으로 결정되는 것이 아니라는 의미이다. 일본은 산·학·연 등 민간의 실무 전문가들이 자문기관이나 또는 심의기관에 참여하여 함께 심사숙고하는 결정 과정을 반드시 거치고 있다. *

이렇게 하면 정치가나 공무원들의 독주를 견제할 수 있을 뿐만 아니라 동시에 정부 부처 간, 그리고 정부와 산업계·학계 상호 간에 국가의 기본 정책 방향에 대해 종합적으로 조율할 수 있다. 나

---

* 심의회란 국가행정조직법 제8조에 근거하여 설치되는 합의제 기관으로, 법적으로 독립적인 결정권을 가지고 있는 것은 아니지만, 산업 분야별 과학기술의 연구개발 정책과 기술 개발 프로젝트를 선정하는 실질적인 최고의사결정기구이다.

아가 산학연 간에 협력 체제를 원활히 할 수 있으며 정책의 실효성을 높일 수 있다. 아울러 각각의 행정기관은 자문·심의기관에서 결정한 기본 정책을 받아들인 후에 자기 부처의 고유한 특수성을 반영하여 구체적인 세부실천 사항을 수립하고 집행하는 메커니즘을 만들어낸다.

일본 정부는 패전 후 이러한 과정을 거쳐 행정 기구를 하나하나씩 설치하면서 각종 심의·자문기구를 만들어 나갔다. 그중에서도 기초과학 부흥과 관련이 깊은 상공성 산하에 공업기술청을 설치(1948. 8.)하여 과학기술행정기구의 틀을 마련하였다. * 공업기술청은 패전 후 기능이 마비되어 있던 국공립시험연구기관의 연구 체제를 재정비하거나 신규 연구기관을 설립할 때마다 기술 도입 지원 체제를 정비하는 등 행정 체계를 갖추어 나가는 데 힘을 보탰다.

각종 심의회 및 자문기관은 관련 분야에서 최고의 실무전문가들과 정부 공무원들이 합동으로 의사 결정을 하는 구조여서 심도 있는 정책 연구와 심사가 가능하다. 그리고 자문기관 또는 심의기관에서 분석하는 모든 보고서는 정부에 제출해야 하는데, 이 과정에서 자문 및 심의기관(상위기관)의 의사 결정과 행정기관(하위기관)이

---

* 상공성은 1949년부터 통산성으로, 그리고 공업기술청은 1952년부터 공업기술원으로 이름이 바뀌었다.

실행해야 하는 정책 내용 간의 연계성이 강하기 때문에 정책의 실효성이 상당히 높다. 이렇게 해서 결정된 각각의 기본 정책들은 각 부처로 전달되고 이후 거기에 자신들만의 고유한 특수성을 첨가하여 구체적인 세부실천사항을 수립한 후에 집행하는 구조다.

무엇보다 중요한 점은 일본 정부의 정책 목표가 뚜렷할 경우에는 보고서 자체를 만들기 위한 형식적인 내용이 아니라 일관성 있고 지속적으로 정책을 추진해 나갈 수 있는 실행력을 중요하게 여긴다는 점이다. 이 중에서 통산성의 산업기술심의회, 과학기술청의 항공/전자등기술심의회, 그리고 우정성의 전기통신기술연구회가 중요한 역할을 담당해 왔다.

한 예로 산업기술심의회는 통산성의 산업기술 정책을 수립하고 실시하는 가장 중요한 중추기관(1973. 7. 설립)으로, 통산성이 실시하는 모든 산학관 협동의 국가연구개발제도는 모두 이곳에서 결정되었으며 연구 방향과 연구 과제 선정, 그리고 이를 평가하는 일련의 모든 활동을 전담부서에서 진행해 왔다.

한편 1950년 '외자(外資)에 관한 법률'이 제정되면서 이에 근거하여 대기업을 중심으로 해외로부터 직접 투자와 기술을 도입할 수 있었고, 그 덕분에 일본은 기술 발전과 과학 발전의 기초를 마련할 수 있었다. 특히 고도경제성장과 맞물려 냉장고, TV, 세탁기 등 이른바 '3종신기'(三種神器)* 라는 가전제품을 중심으로 대중적인 수요가 급증하자 기업들은 자체적으로 연구소를 설립하여 작은 혁신(minor innovation)을 달성해 냈고, 이후 제품 개량을 통해 가성비 좋은 전자제품들을 전 세계로 수출하는 방식을 취했다. 나아가 1956년 5월에는 과학기술청이 발족되면서 일본 과학기술진흥의 종합적인 행정 기구로 확충되었다.

사실 일본의 과학기술 정책을 이야기할 때 절대 빼놓을 수 없는 곳은 누가 뭐래도 과학기술청이다. 왜냐하면 정부가 과학기술 프로젝트를 만들어도 여기에 기업의 참여가 없으면 과학기술의 발전은 기대하기 어려운데, 과학기술청이 정부와 기업 간에 긴밀한 협조가 잘 이루어지도록 리더십을 발휘했기 때문이다. 이렇게 산업계의 과학기술 활동을 자극하고 촉진하는 역할을 담당해 왔던 과학기술청이 1970년대 후반부터는 방향을 바꾸어 주도권을 잡고 앞에서 이끌어 가기보다는 과학기술 진흥을 위한 분위기를 조성하는, 즉 산업계를 보조하는 역할로 전환했다. 이는 오늘날에 이르기까지도 마찬가지여서, 비록 정부 관료의 영향력이 일부 남아 있기는 하지만 이는 좋은 정책을 유도하기 위한 방법일 뿐 주도권을 장악하기 위해 정부가 나서는 일은 그다지 많지 않다.

---

* 삼종의 신기는 일본의 천황가에 대대로 계승되어 내려오는 세 가지 보물, 즉 거울과 구슬, 그리고 검을 말한다. 오늘날에는 뭔가 소중한 보물이나 세 가지 주요 특징을 설명할 때의 레토릭으로 쓰고 있다.

1. 일본 과학기술을 위한 행정과 법률 체계

한편, 과학기술 정책 체제의 기본 방향을 일본 총리에게 자문하기 위해 '과학기술회의설치법'에 근거하여 '과학기술회의'(1959)라는 자문기관을 만들었다. 일본 과학기술 정책의 최고 심의기관이자 자문기관인 과학기술회의는 인문과학을 제외한 모든 분야의 과학기술에 관한 정책을 수립하고 장기적인 연구 목표를 설정하여 이를 추진하는 결정을 해 왔다. 내각총리대신이 의장이고 관계 각료 4명, 유식자 6명으로 구성되어 있으며, 2001년에는 그 이름을 바꾸어 '종합과학기술이노베이션회의'로 전환했지만 그 역할과 목적은 일관성 있게 진행되고 있다.

1970년대에 들어서자 일본은 이제 서구 선진 기술을 캐치업(catch-up) 하던 단계를 지나 스스로 R&D 활동을 강화하면서 창조적인 기술 개발이 가능한 단계로 올라섰다. 이는 일본 정부가 기초 기반 기술과 관련한 공동연구개발 프로그램을 조직하여 개별 기업들의 기술 능력을 끌어 올렸기 때문에 가능했던 것이다. 비록 1973년 오일쇼크 이후에 잠깐 주춤하는 시기가 있었지만, 고도성장 기간에 쌓아놓은 인프라를 바탕으로 공작 기계, 가전 기술, 그리고 반도체와 자동차 기술 등 주요 핵심 산업에서 세계적인 경쟁력을 확보하는 데는 부족함이 없었다. 그리고 이렇게 국제 경쟁력을 확보한 기업들은 전자 정보 기술을 접목한 신산업화와 고부가가치 제품의 연구개발로 기업 경영 전략을 전환시키면서 발전해 나갔다.

일본의 기술이 타 선진국에 비해 이렇게도 급속도로 진행될 수 있었던 것은 미국을 비롯한 서구 국가들이 동서냉전 체제하에서 과학기술을 군사용으로 활용한 반면 일본은 군사용이 아닌 민생용 주도로 기술 혁신을 일으켰고, 이것이 내구재 보급에 상당한 공헌을 한 결과라고 할 수 있다.

그러나 일본의 고도성장에 따른 서구 선진국들의 질투와 비판도 만만치 않았다. 일본이 서구가 쌓아놓은 기초 기술에 무임승차했다는 것이다. 이제 일본은 자의 반 타의 반 기술 혁신을 할 수밖에 없는 입장이고, 또 일본 자국 내에서도 기술보호주의 경향이 대두되면서 스스로가 기술 변화의 방향성을 제시해야 했기 때문에 새로운 기술을 창출해 내야 하는 상황에 직면하였다. 그리고 이러한 분위기는 오히려 일본에 다시 한 번 기술 혁신을 일으킬 전화위복의 계기를 만들어 주었다.

실제로 일본 정부는 기술 수입과 확산 과정에 개입하여 신기술이 산업 전반에 도입될 수 있도록 주요 기술분야에서 대형 R&D프로그램을 기획하고 운영하였다. 예를 들어 VLSI 프로젝트 (1976~1980) *, 과학기술용 고속계산시스템(1981~1989), 제5세대컴퓨터

---

* Very Large Scale Integration의 약자로 초대규모집적회로라고 하지만, 2000년대 이후에는 단순하게 IC라고 부르고 있다.

개발계획(1982~1991) 등이 일본 정부 주도의 과학기술을 한 단계 끌어올린 프로그램이다.

이렇게 일본이 초기에 기술 혁신이 가능했던 이유는 뭐니 뭐니 해도 일본 정부의 산업화 정책의 효율성을 언급하지 않을 수 없다. 박정희 대통령이 시행했던 '경제 개발 5개년 계획'도 사실은 일본 정부가 실시하였던 경제 계획을 벤치마킹한 것이다. 즉 부족한 자본과 자원을 최대한 효율적으로 배분하고 생산자 및 자본가를 적극 지원하여 성장 위주의 경제 정책을 추진할 수 있도록 국내 시장도 적절히 보호하면서 수출 전략 산업은 집중적으로 육성하였기 때문에 가능했던 것이다. 이때 가장 큰 힘을 발휘한 곳이 바로 통상산업성(약칭 통산성, 2001년 경제산업성으로 개편)과 대장성(2001년 재무성으로 개편)이었다.

그렇다면 통산성과 대장성의 대표적인 정책을 각각의 키워드로 들여다보도록 하자.

첫째, 통산성의 '창구지도'(window guidance)이다. 통산성은 기업들 간의 네트워크를 형성해주면서 한편으로는 공동 기반 기술의 장도 마련해주었다. 경쟁 기업들이 기반 기술을 개발할 때 중복 투자를 피할 수 있도록 통산성이 가르마를 타 주고, 이를 통해 각 기업들이 독자적인 상품을 개발하면서 협력과 경쟁이 주는 이익을 모두

향유하도록 지도하는 것이다.

둘째, 대장성의 '호송선단방식'(convoy system)이다. 대장성은 일본 은행을 매개로 하여 어떤 산업과 기업에 어느 정도의 자금을 배분 해야 할지 가르마를 타 주었다. 경영 기반이 약한 은행도 낙오되지 않도록 유도하는 한편, 예금 금리를 인위적으로 낮게 설정하여 한 정된 자금 배분을 조정하면서 금융 시스템을 안정적으로 유지하도 록 하였다. 그래서 협력과 화합을 기본으로 하는 '일본식 자본주의' 를, 경쟁을 기본으로 하는 '서구식 자본주의'와 구별하기도 한다.

한편, 일본 정부는 1980년대 초반부터 기초과학 연구를 촉진하 기 위해 과학기술청이 주관하는 '창조과학기술추진제도'와 통산성 이 주관하는 '차세대기초기술연구개발제도'를 운영해 왔다. 또 하 나 통산성의 산업과학기술연구개발제도는 특히 기초연구지향과 해외 참여 기회를 확대한다는 점에서 기존 제도와의 차별성을 보 이고 있다. 이후 이를 확대해서 통산성의 에이전트 기관으로 '기초 기술연구촉진센터'를 신설했는데, 이곳에서 연구개발회사(Joint R&D Corporation)를 설립하는 데 필요한 자금과 조직 형성을 지원해 왔다. 특히 연구개발회사는 정부의 주된 자금 지원하에 '연구'만을 수행한 다는 점에서 민간 기업 출자의 연구개발회사와는 구별되는 특징이 있다. 연구개발 회사에 참여한 기업들은 고도화된 산업구조 내에서 핵심 기업군으로서의 역할을 담당해 왔고, 이 기업군들이 다시 산업 전반에 걸쳐 기술을 전파시켜 나가는 과정을 거쳐 온 것이다.

1986년에는 일본 정부가 산관학 연구개발 체제를 확대하고 국제화를 도모하기 위해 '연구교류촉진법'(1986. 5. 20.)을 제정했다. 비록 2008년에 폐지되긴 했지만, 일본은 해외 연구자들과 교류하고자 할 때에 과학기술에 관한 시험과 연구에 관해 필요한 지원을 해줄 수 있는 틀을 마련했다. 아울러 이를 확실히 지원하기 위해 '산관학 및 외국과의 연구 교류 촉진에 관한 제도 운영의 기본 방침'을 각의 결정하고 연구자들이 창조적으로 연구 활동을 할 수 있도록 탄력적인 연구 운영과 외국인 연구자 유입을 촉진하기 위한 각종 제도를 구축해 나갔다.

민간 기업에서도 연구개발은 중요한 키워드로 자리 잡았다. 1980년대 중반 이후부터는 일본 기업들이 기초연구 능력을 확충하고 연구개발의 세계화를 추진하기 위해 주로 전자와 바이오테크놀로지 관련 회사 중심으로 기초연구소를 설립하는 붐이 일어났다.

연구소들은 일본 국내뿐만 아니라 해외 기업과도 공동연구개발 협정을 맺으면서 기술의 세계화를 추진해 나갔다. NEC, 후지츠, 히타치, 소니 등이 현지 수요에 대응하기 위한 연구개발과 우수 두뇌를 유치하기 위해, 그리고 서구 선진국들의 기술은 어떻게 변화해 가는지를 탐색하기 위해 미국 내에 기초연구소를 설립했다. 반

<표 11> 1980년대 후반 설립된 일본 기업들의 주요 기초연구소

설립연도	기업명	연구소명
1985	히타치제작소 (日立製作所)	기초연구소
	스미토모전기공업 (住友電気工業)	기반기술연구소
1986	일본IBM	도쿄기초연구소
	미츠비시중공업 (三菱重工業)	기반기술연구소
	시세이도 (資生堂)	기초과학연구소
1987	아지노모토 (味の素)	기초연구소
	제일제약 (第一製薬)	탐색연구소
	산토리 (サントリ)	기초연구소
	NTT	기초연구소
1988	다케다약품 (武田薬品)	츠쿠바연구소
	토시바(東芝)	기초연구소
	후지전기종합연구소 (富士電機総合研究所)	기초연구소
	일본전기 (日本電気)	Research Institute(미국)
1989	일본전기 (日本電気)	츠쿠바연구소

자료: 伊藤 実(1991), p.84

1. 일본 과학기술을 위한 행정과 법률 체계

대로 아시아에서는 NIEs 국가를 중심으로 생산 거점의 기술력 강화와 연구개발을 목적으로 연구소를 설립했다. 그러나 실제로 몇몇 글로벌 기업들을 제외한 대부분의 해외 연구소는 외국인 연구자들과의 의사소통과 관습 차이 때문에 국내 연구소의 보조 기능 정도에 머물게 되면서 제대로 운영되지는 못했다.

한편 1990년대부터는 이야기가 조금씩 달라진다. 버블 경제가 무너지고 경기 침체가 지속되면서 일본 기업의 영업수익이 악화되다 보니 연구개발 투자 역시 감소하기 시작했다. 더구나 1986년 미일반도체협정을 시작으로 1991년, 그리고 1996년 세 차례에 걸쳐 미국이 강압적으로 일본 반도체 산업을 공격한 이후에는 일본의 최첨단 핵심산업이 엉거주춤 뒷걸음치면서 불황의 터널을 벗어나기 힘든 상황이 연출되었다.

그럼에도 불구하고 일본 정부는 각종 과학기술과 관련된 내용을 세계화하기 위해 몇 가지 정부 프로그램을 만들거나 또는 전 세계적인 프로그램에 참여해 왔다. 대표적으로 HFSP(Human Frontier Science Program)*과 지적생산시스템개발계획(IMS, Intelligent Manufacturing

---

* 현재 37개국이 HFSP의 회원국으로 등록되어 있으며 G7 국가 및 우리나라가 이사국으로 활동하고 있다. 전체 연 예산 규모는 5억 6천만 불(한화 약 670억 원)이며 우리나라의 연 분담금은 86만 3천 불이다. 젊은 연구자들이 이 프로그램에 선정될 경우 약 3년간 지원받을 수 있다. 한국연구재단은 이와 관련하여 매년 국제교류팀에서 지원 절차 등에 관해 자세한 정보를 공지하고 있다.

System) 등이 있다.

HFSP는 1987년 베네치아 G7 정상회담에서 일본이 최초로 제안한 프로그램인데, 전 세계 젊은 연구자들 중 뇌 기능 해명과 생체 기능 해명을 위한 생명과학 분야에서 혁신적인 공동 연구에 참여할 수 있는 프로그램이다. 다만 취지와는 달리 프로그램 자체가 일본의 취약 부분에 초점을 맞추고 있다 보니, 서구의 과학적 성과를 이전받기 위한 통로로 기획된 것이 아니냐는 의심을 사기도 했다. 이와 반대로 IMS는 일본이 우위를 점하고 있는 생산기술 분야에서의 통합화에 초점을 맞추고, R&D부터 생산과 판매에 이르기까지 전 과정을 통합 운영할 수 있는 시스템 개발을 목적으로 기획된 프로그램이다. 결국 일본은 정부가 만든 각종 프로그램과 연구개발 체제를 글로벌 표준으로 만들어 서구의 과학기술 풀을 적극 활용하는 경로를 만든다는 의도와, 일본이 우위를 점하고 있는 기술 분야에서 세계 표준을 정하고 시장을 확보하겠다는 두 가지 목적을 이루기 위해 정부 주도의 과학기술 연구를 진행해 왔다고 할 수 있겠다.

2016년에는 일본 문부과학성에서 대학 내 젊은 연구자들을 육성하고 인재 활용을 촉진하기 위한 '탁월연구원제도'(卓越研究員制度)[*]

---

[*] 소위 LEADER 프로그램이라고도 하며, Leading Initiative for Excellent Young Researchers의 두문자를 따서 만든 이름이다.

를 만들어 지금까지 실시해 오고 있다. 이 사업은 새로운 연구 영역에 도전하려는 젊은 연구자들의 고용 불안 문제를 해결해주고 자립적으로 연구를 추진할 수 있도록 환경을 마련해주는 것이 목적이다. 자연계뿐만 아니라 인문 사회학 등 전 분야에서 40세 미만의 연구자들만 신청 가능하며 고용자 측과 연구자 양측 모두 이점이 있는 프로젝트이다. 연구자는 단기 계약이 아닌 종신 고용을 보장받을 수 있고, 고용기관 측은 젊고 우수한 연구자를 확보할 수 있다는 점이 그렇다.

이 프로그램을 통해 기대할 수 있는 것은, 세계적 수준의 연구력과 새로운 연구 영역이나 기술 분야를 개척할 수 있는 기회를 제공하기 때문에 일본의 과학기술을 이끌어 나갈 뛰어난 연구 리더자들을 발굴할 수 있다는 점이다. 2022년에는 총 15명을 선정했으며, 이들은 2년간 상한 1천2백만 엔의 연구비와 연간 2~3백만 엔의 연구 환경 조성비를 5년 동안 받게 된다. 선정 과정 및 선정된 연구원의 정보는 문부과학성 홈페이지에 공개하고 있다.

한편, 일본 문부과학성의 '탁월연구원제도' 외에도 일반 기업에서 진행하는 프로그램도 있다. 후지츠(富士通)는 아카데믹한 연구뿐만 아니라 사회 과제를 해결하기 위한 연구가 가능할 수 있도록 '탁월사회인박사제도'(卓越社会人博士制度)를 도입하기로 했다. 2003년을 피크로 일본에서는 이공계 박사과정에 진학하는 연구자들이 점점 감소하고 있어 전문인재 부족으로 향후 일본의 국제경쟁력이 저하되는 악순환이 번복될 가능성을 걱정하고 있다. 이에 후지츠는 일본에서 처음으로 큐슈대학(九州大学), 동경대학(東京大学)과 연계하여 석사과정 학생 중 희망자를 모집하여 후지츠의 면접을 통과하면 박사과정에 진학함과 동시에 후지츠 사원으로 급료를 받으면서 연구에 주력할 수 있도록 하는 제도를 만든 것이다. 이럴 경우 경제적인 문제와 불안한 미래에 대한 두 가지 문제를 해결할 수 있기 때문에 연구에 대한 강한 동기를 부여할 수 있게 된다. 동일한 제도는 아니었지만 후지츠는 1998년부터 2023년 9월 현재에 이르기까지 약 172명에게 이러한 프로그램을 제공해 왔다. * 우리나라의 대기업에서도 국내 대학의 이공계 석박사 과정생들과 이러한 산학 연계 프로그램을 만들어 제공한다면 한국의 기초과학연구에 큰 기여를 할 수 있을 것으로 예상된다.

---

* Hujitsu Transformation news(2023. 10. 27.) 참고.

I. 일본 과학기술을 위한 행정과 법률 체계

2. 일본 과학기술 교육의 기초 〰〰〰〰〰〰〰〰〰

　일본의 전통적인 자연관은 사람과 자연이 일치한다는 개념이 강하고, 자연을 즐기는 것이 중요하다는 철학이 있어서 자연을 제어하거나 지배하는 방법보다는 자연과 함께하는 방법을 탐구해 왔다고 할 수 있다. 그래서인지는 몰라도 일본은 이론 물리에 강하다. 실험 물리는 다양한 장치나 기구를 이용해 자연 속에 잠재하고 있는 법칙성을 발견하는 연구이지만, 이론 물리는 자연 현상의 메커니즘을 고안하여 새로운 법칙을 만들어내는 연구이기 때문에 종이와 펜, 그리고 성실성만 받쳐준다면 자본력 없이도 가능한 연구이기 때문이다(NHK取材班, 2009; 伊東乾, 2008).

　일본이 초창기 자본력이 넉넉지 못할 때 이론 물리에 특화된 연구를 할 수 있었던 것은 이러한 선택의 덕분이었다. 무슨 이야기인고 하면, 과거 연구 설비나 장비 정도가 서구에 비해 뒤처져 있던 일본의 경우 성실하기만 하면 이론 물리가 가능하니, 이것이 외골수와 같은, 어찌보면 '오타쿠' 같은 일본 학자들의 캐릭터와 맞아 떨어지면서 일본 국내에서의 이론 연구만으로도 노벨상을 수상할 수 있었다는 의미이다.

1945년 패전 후에는 전쟁 전 일본 정부가 발간했던 국정 교과서를 폐지하고 새로운 표준 교과 과정을 사용하도록 과학 교사들에게 권장하였는데, 이때는 사람들이 사회생활을 풍요롭게 영위하고 다양한 문제를 해결할 수 있게 하기 위해 과학적인 숙련과 태도, 그리고 지식 습득을 과학 교육의 목표로 정하였다. 그리고 이를 위해 미국의 과학 서적들을 일본어로 번역하여 출판하였고, 이렇게 출간한 초등학교 과학 교육 서적에는 별의 운동, 자연의 변화, 생물의 생활, 위생, 기계가 하는 일, 자연의 이용과 보호 등의 내용을 담았다. 물론 패전 직후였기 때문에 유능한 과학 교사가 부족했고 학교에 남아 있는 과학실험 기구도 없다 보니 제대로 된 교육을 실시하기는 어려운 환경이었다는 점은 부정할 수 없지만, 교재만큼은 우선 이론이라도 가르치겠다는 의지를 담아 편찬했다고 해석할 수 있겠다.

한편 1958년에는 과학 교육의 목표가 너무 포괄적인 것 같다는 비판이 따르면서 초등학교 과학 교육의 교과 과정을 다음과 같이 네 가지로 수정하였다. *

---

* Ministry of Education(1976), "Course of Study for Elementary Schools in Japan", Tokyo Ministry of Finance

첫째, 과학 교육 목표를 보다 명확하고 정확히 설정해야 하며 기초과학과 관련된 수업은 각 학년 학생들의 수준에 따라야 하고 다른 과목들과 관련지어야 한다.

둘째, 관찰과 실험을 지도할 때에는 학생들이 과학적인 사고를 발전시켜 나갈 수 있도록 보다 많은 중요성이 부여되어야 한다.

셋째, 저학년에서는 자연의 관찰을 강조하고 자연 현상과 더불어 물질에 관한 흥미가 자연을 보호하는 태도와 함께 길러져야 한다.

넷째, 고학년에서는 학생들의 학업 정도에 따라 자연 현상의 기초를 가르쳐야 하고 과학적인 태도와 능력의 기초를 발전시켜야 한다.

이후 일본은 60년대 고도경제성장과 더불어 세계 제2위의 경제 대국으로 올라서면서 재차 초등학교 교과 과정을 수정해야 한다는 사회적 요구가 증가하였고, 이에 따라 1968년과 1969년 두 차례에 걸쳐 교과 과정을 다시 수정했는데, 그 내용을 요약하면 다음과 같다.

첫째, 과학 교육은 자연 현상에 관한 직접 관찰과 실험을 위주로 해야 한다. 자연을 이해하는 가장 효과적인 방법은 과학적인 대상들을 관찰하고 생각하는 것이다.

둘째, 학생들이 기본에 충실하고 집중할 수 있도록 기초 항목을 엄선하여 내용을 계획한다.

셋째, 과학에 관한 이해를 높이고 다른 과목들과 연관지어 과학에 대해 특별한 고려를 제공한다.

이에 따라 초등학교의 과학 교육은 생물과 환경, 물질과 에너지, 그리고 지구와 우주 이렇게 세 분야로 구성하였고, 중학교의 과학 교육은 과학적 방법과 탐구 과정을 강조하여 물질과 에너지, 그리고 시간 및 공간과 생명 등 두 분야로 나누었다.

패전 후 초창기 일본의 대학들은 어땠을까? 대학에서의 교육은 이론 연구에는 강했지만 산학 공동 연구에는 소극적인 자세를 취해 왔다. 대학이 산업계의 보조적인 의미에 머물러 있을 정도였을 뿐 산업 혁신은 주로 기업이 주도하고 신기술 확산은 정부가 담당하는 구조였기 때문에, 앞서 언급했던 것처럼 정부가 경쟁 기업 간 관계 조정을 통해 신기술 패러다임에 적응하도록 공통 기반 기술의 장을 마련해 준 것이다.

한편 일본에서도 자녀들의 교육은 중요하다. 그래서 아이들을 공부하는 기계로 만들어 경쟁만 시켜 왔다는 반성에서 시작한 것이 바로 유토리 교육(ゆとり教育, 유토리는 우리말로 여유라는 의미)이다. 주입식 교육에서 벗어난 새로운 방식의 유토리 교육을 한마디로 정의하자면, 학습량이 100이라고 할 때 70만 가르치라는 것이다. 사

실 의도는 꽤 좋았다. 왜냐하면 주도적인 학습 능력과 더불어 감정이나 행동을 조절하는 힘을 키우고, 또 문제를 발견하고 해결하는 방법을 가르치겠다는 의도에서 고안된 것이기 때문이다. 그리고 2002년부터는 중학교에서, 그리고 고등학교는 2003년부터 주 5일 수업을 도입하면서 토요일은 체험 학습으로 시작했다.

그러나 등수를 매기지 않고 체벌도 하지 않다 보니 일본 학생들의 학력이 저하되면서 교육 자체가 무너지지 않을까 하는 염려가 대두되었다. 실제로 유토리 교육을 실시한 이후 PISA(OECD생도학습도달도조사) 결과를 보니 일본의 국제학력 테스트 순위가 급격히 저하되었다는 사실이 드러나 이에 따른 비판이 일어났다. 이를 'PISA 쇼크'라고도 한다. 그래서 그런지 노벨상을 받은 마스카와 도시히데 교수와 고바야시 마코토 교수는 일본의 유토리 교육이라는 평준화 교육을 신랄하게 비판하기도 했다.[*] 대학들까지 쉬운 문제만 출제할 뿐 생각하지 않아도 되는, 고민하지 않아도 되는 인간을 만들고 있다는 것이다. 이에 일본의 문부과학성은 2011년에 유토리 교육을 전면 포기하고 원래대로 학습량을 늘리는 방향으로 전환하였다.

유토리 교육의 의도는 좋았지만 이것이 왜 문제였을까에 대해서는 다양한 의견이 있다. 그중에서 과학 교육과 관련하여 언급하

---

[*] 조선일보(2008. 10. 11.) 기사 참조.

자면, 유토리 교육을 받은 세대들은 IT 관련 기업에서 채용하기 꺼려했다는 점이다. 그래서 기업에서는 신규 채용 시 유토리 교육이 폐지된 2011년 이후에 중등교육을 받은 세대, 또는 사립학교 출신의 졸업자들을 선호하는 경향이 강했다고 한다. 원주율을 3.14가 아닌 3으로 가르칠 정도로 '유토리' 교육을 실시하였으니, 기초과학을 중시하는 일본 사회에서 유토리 세대(1987~2004년생)들이 졸업한 후에는 이들이 이공계에 적응하기 어려웠을 것이라는 건 당연지사였을 것이다.

2. 일본 과학기술 교육의 기초

3. 기초과학의 중심 리켄 ◇◇◇◇◇◇◇◇◇◇◇◇◇◇◇◇◇◇◇◇◇
(RIKEN, 理化學研究所)

일본 노벨상의 산실이자 기초과학의 요람인 리켄을 언급하지 않고는 일본의 과학기술을 논할 수 없을 것이다. 일본에서 유일한 자연과학을 연구하는 종합연구소인 이곳을 '리켄'(RiKen)이라고 하는 이유는 이화학연구소의 일본 발음인 Rikagaku Kenkyusho에서 각각 Ri와 Ken을 가져와 만든 줄인 말이기 때문이다.

리켄의 역사는 일본 과학사와 밀접한 관련이 있다. 리켄이 기초과학연구소로 출발했던 이유는 아주 단순하다. 리켄이 설립되기 바로 전에 제1차 세계대전이 발발했었는데, 이때 일본은 독일에 의존해 왔던 화학공업제품을 더 이상 수입할 수 없게 되었고, 이것이 일본 경제에 미치는 영향을 목격했다. 그런데 그때까지만 해도 일본의 과학연구는 모두 국립 시설에서 진행해 왔기 때문에 아무래도 공무원 신분으로는 자유로운 연구 주제를 선택하기 어려운 환경이었다.

당시 다카미네 조키치(高峰讓吉, 1854~1922)는 세계 산업계가 기계공업에서 이화학공업으로 전환될 것이라고 예상하고는 기초연구를 수행할 이화학연구소 설립을 주장하였다. 세계 열강 대열에 합류한 일본이 일등국 지위를 유지하기 위해서는 국방자원의 자급자족과 물리학, 화학 등의 순수과학에서 공업진흥에 필요한 응용 연구까지도 가능한 민간연구소가 필요하다고 주장한 것이다. 그리고 이를 위해서 필요한 기금을 후원할 기업을 수소문 했지만, 결국 혼자서는 찾지 못해 낙담할 즈음에 시부사와 에이치(渋沢栄一, 1840~1931)가 발 벗고 나섰고, 오쿠마 시게노부(大隈重信, 1838~1922)가 정부 보조금을 받아낼 수 있도록 적극 도와주었다. 이렇게 해서 황실과 정부, 그리고 산업계로부터 보조금과 기부금을 지원받아 민간연구소이자 공익연구기관으로, 즉 반관반민 형태로 출발한 것이 오늘날 리켄의 역사이다.

사실상 이때를 기준으로 일본의 과학기술의 연구가 조직적으로 첫걸음을 내디뎠다고 할 수 있겠다. 왜냐하면 바로 다음해에 '대학령'이 공포되면서 제국대학 말고도 관립대학, 사립대학의 설립이 허용되었고 전문학교가 단과대학으로 승격하면서 연구자들을 배출할 수가 있었기 때문이다. 그리고 이어 1920년에는 '학술연구회의'가 설립되면서 일본 과학 행정의 중심 역할을 해왔다.

한편 물리학자인 니시나 요시오(仁科芳雄, 1890~1951)는 1928년 리켄 연구소 소장에 임명되자 닐스 보어(Niels Bohr, 1885~1962)가 독일 코펜하겐대학에 세운 이론물리학연구소의 '코펜하겐 정신'*을 수입해 들여왔다. 니시나는 지금껏 권위의식에 젖어 있던 일본의 연구 방식과는 달리 어떤 연구자든지 자신들의 아이디어를 주제로 마음껏 연구할 수 있도록 권위주의를 없애고 자유로운 연구 분위기를 만들어 주는 데 주력했다. 대부분의 연구자들은 폐쇄적이고 연공서열적인 일본 대학과는 완전히 달랐던 이러한 분위기를 리켄의 최대 장점으로 꼽고 있다.

니시나는 특히 젊은 연구자들에게 세계적인 석학들을 만날 기회를 주고 싶어 했다. 그래서 그는 스승인 닐스 보어를 초청하고 싶었지만, 유럽에서 일본까지 두 달여 걸리는 여행이 쉽지 않다는 것을 이해하고는 1929년 하이젠베르크(Heisenberg, 1932년 노벨물리학상 수상)와 디랙(Dirac, 1933년 노벨물리학상 수상)을 초빙하여 교토대에서 강연회를 개최할 수 있는 기회를 마련하였다. 이때 교토대학 2학년생이던 도모나가 신이치로(朝永振一郎, 1906~1979)와 유카와 히데키(湯川秀樹, 1907~1981)가 이들 강연을 들을 수 있는 행운을 얻었지만, 한편

---

* 1921년에 설립된 닐스보어연구소(Niels Bohr Institute)는 과학자들 간 협동적인 연구를 지향하는 방식을 취하면서 다수의 노벨상 수상자를 배출하였다. 이를 코펜하겐 정신(Copenhagen Spirit)이라고 하는데, 1930년 하이젠베르크가 그의 저서 서문에 '근대원자물리학의 전체적 발전을 주도한 것은 코펜하겐 정신(Kopenhagener Geist der Quantentheorie)이며, 이 정신의 확산에 기여하기 위해 이 책을 쓴다'라고 기술하면서 나온 말이다.

으로는 충격을 받기도 했다. 강연 내용에 대한 충격도 컸지만, 그보다는 그들의 나이가 너무 젊었기 때문이다. 당시 하이젠베르크는 28세, 그리고 디랙은 27세로 각각 23세, 22세였던 도모나가나 유카와와 별반 차이가 나지 않았다. 그런데도 그들이 이미 세계적인 물리학자의 반열에 올랐다는 것이 이들 두 젊은이들에게 큰 파장을 불러 일으켰던 것이다. 이후 도모나가는 1937년 라이프니치히대학에 있는 하이젠베르크를 찾아가 2년간 양자전기역학 연구를 하기도 했다.

한편 패전 후 일본을 점령한 GHQ는 리켄이 일본 황실의 기부금에 더하여 미츠이(三井), 미츠비시(三菱) 등 재벌기업의 출연금을 받아 설립되었다는 이유로 리켄의 재단법인을 해체하였다. GHQ가 떠난 이후인 1958년 리켄은 특수법인으로 다시 출발하였고, 2003년 이후부터는 문부과학성 산하의 독립행정법인으로 지금까지 운영되고 있다.

현재 도쿄 북서쪽의 사이타마현(埼玉県)의 와코시(和光市)에 세워진 연구소에서는 물리학, 화학 등 기초과학에서 생물과 의학 등 응용분야에 이르기까지의 학문 범위를 커버하고 있으며, 상근 직원은 3,253명이고 그중 83%인 2,684명이 연구 조직 소속 직원이다(리켄 홈페이지 참조).

2023년도 리켄의 수입 예산은 약 1천억 엔 수준으로, 그중 운영비 교부금이 전체 수입 예산의 54%, 특정첨단연구시설 예산이 27%를 차지하고 있고, 그다음으로는 수탁사업 수입이 12%, 그리고 차세대인공지능기술 등 연구개발거점형성사업비 보조금이 약 3%를 차지하고 있다. 리켄의 지출은 '센터 등의 연구사업비'가 29%, '특정첨단대형연구시설관련비'가 28%, 그리고 '연구기반경비(사업소 경비 등)'가 18%, '수탁 등 연구비'가 13%를 차지하고 있다. *

　리켄은 출발 당시부터 주임 연구원 제도를 도입해 연구 테마와 예산, 그리고 인사권 등 모든 권한을 주고 연구실을 운영하게 하여 독립된 연구 결과가 나올 수 있도록 환경을 만들어 주고 있다. 연구원들은 새로운 연구 계획에 관한 아이디어만 제시해도 즉시 시험적으로 일정액의 연구비를 제공받아 과연 그 계획에 추진 가치가 있는지 판명할 수 있을 때까지 연구를 계속할 수 있다. 게다가 연구 성과로 특허와 실용신안을 얻을 경우 기업 설립이 가능하고, 그럴 경우 기업에서 나오는 특허권과 사용료는 연구소 자산으로 돌려 연구 비용을 충당하게 했다. 이러한 인센티브 덕분에 리켄 설립 후 20여 년 만인 1939년에 이르자 창업된 기업들이 약 60여 개에 이르렀고 연구비의 80%가 이들 기업에서 얻은 수익으로 충당

---

* 　리켄 홈페이지 공시자료 참조.

할 수 있는 정도였다고 한다.* 그중 대표적인 기업이 리코이다. 리코는 패전 후 페니실린과 비타민 제조 판매에 성공했으며, 지금은 대학과 연계하여 줄기세포를 개발 중이다.

　우리나라도 그렇지만, 최근 일본도 이공계 연구자들을 구하기가 쉽지 않아 연구에 어려움을 겪기도 하는데, 그래서 리켄에서는 젊은 과학자들을 영입하기 위해 '리켄ECL제도', '리켄백미제도', '리켄과학특별연구원제도' 등과 더불어 'JRA'(대학원생리서치어시스트제도), 'RSR'(리켄스튜던트리서치제도), 'IPA'(국제프로그램어소시에이트제도) 등 다양한 제도를 만들어 인력 양성에 주력하고 있다. 그 외 연수생과 실습생 제도 등 어떤 형태로든 일본의 이화학 발전에 기여할 수 있는 충분한 프로그램들이 준비되어 있기 때문에 자연과학에 관심 있는 학생이나 연구자들이 돈이 없어서, 또는 자리가 없다는 핑계로 연구를 포기하는 일이 없도록 장치를 만들어 놓았다.

　물론 이곳도 사람이 사는 곳이어서 부정적인 뉴스가 흘러나올 때도 있다. 일본판 황우석 사건이라고 하는 '오보카타 하루코(小保方晴子) 사건'이 대표적이다. 2014년 1월, 혜성처럼 등장한 30대 여성 과학자 오보카타 하루코가 네이처에 '만능 세포'를 개발했다고 발표하면서 세계적인 주목을 받았는데, 결국은 연구 논문이 조작

---

*　https://dentjcs.tistory.com/292 기사 참조.

되었다는 게 밝혀지면서 망신살이 뻗쳤다.

그러나 부정적인 이슈가 한두 가지 있다고 한들 리켄이 세계적인 연구소임을 부정할 수는 없다. 1949년 일본 최초의 노벨물리학상 수상자인 유카와 히데키(湯川秀樹, 1907~1981)도 이곳 출신이고, 1965년 노벨물리학상 수상자인 도모나가 신이치로(朝永振一郎, 1906~1979), 그리고 2001년 노벨화학상 수상자인 노요리 료지(野依良治, 1938~)도 리켄에서 연구한 결과로 수상을 했다.

그 외 노벨상을 수상하지는 못했지만 모리타 코스케(森田浩介)는 2004년 113번 원소인 니호늄(Nihonium)을 발견하는 데 기여한 공로를 인정받아 동양 최초의 원소 명명권을 가져오는 쾌거를 이루었다. 처음에는 일본에서 발견한 원소이니 "자포늄"(Japonium, Jp)으로 하자는 의견도 있었고, 또 리켄에서 발견하였으니 "리케늄"(Rikenium, Rk)으로 해야 하지 않을까 하는 제안도 있었으나 최종적으로 니호늄(Nihonium, Nh)으로 결정하였다. 일본(日本)을 일본에서는 니혼(Nihon)이라고 발음하기 때문이다.

모리타가 리켄에 입사해 제안서를 준비하는 데만 10년이란 세월을 보냈고, 입자가 충돌해서 원소를 만드는 데까지는 12년이 소요되었다고 하니, 기다려준 리켄도 그렇고 포기하지 않은 연구자도 대단한 인내심들을 발휘한 결과라고 할 수 있겠다.

빛나라 상식의 별

- 일본인들의 과학에 대한 호기심, 철포(조총)*

　임진왜란 하면 떠오르는 키워드 중의 하나가 바로 조총이다. 하늘을 나는 새도 쏘아 맞힐 수 있을 정도로 성능이 좋다는 의미에서 조총이란 이름이 나왔지만 이는 중국식 표현일 뿐, 일본에서는 철로 만든 포라 하여 철포(鐵砲)라고 하였다. 일본식 발음은 '대뽀'이다. 여기에서 '무대뽀'란 말이 나왔다. 즉 총도 없는 사람이란 말로, 타협이나 계획 없이 마구 밀어붙이는 사람을 가리켜 '무대뽀'라고 한다. 이 정도로 당시 일본에서 철포가 대중화되었다는 것을 방증하는 유행어였다.

　철포의 시작은 이렇다. 1543년 일본 큐슈 남단의 타네가시마(種子島)에 상륙한 포르투갈 무역선의 상인들로부터

*　루시오 외(2021), 『대항해시대의 일본인 노예』, 산지니 참고

도주(島主)가 아퀴버스 두 자루를 2천 냥을 주고 사들였다. 당시 포르투갈 상인이 총을 쏘는 시범을 보였는데, 이때 이를 지켜본 일본인들은 이 놀라운 무기의 위력에 공포감을 갖거나 감탄만 한 게 아니라 당장 200여 명의 군대를 1년간 유지할 수 있을 정도의 거액을 주고 이 총을 사들였다. 그리고는 이를 분해하여 원리를 파악한 후에 일본인 체형에 맞게 개종했다. 그래서 이를 그 지역 이름을 차용해 종자도총(種子島銃)이라고도 한다.

이들은 총포 기술을 독점하지 않고 이웃 번주(藩主)들과 공유하면서 지구상의 어느 나라보다 총을 많이 보유하게 되었다. 그리고 이 총으로 훈련한 병사들이 임진왜란 당시 조선에 상륙했으니, 조선이 이를 막아낼 수단이라곤 정신력 외엔 없었다. 임진왜란에서 조선을 쉽게 정복할 수 있었던 이유가 여기에 있다.

그렇다면 임진왜란 이후에는 어땠을까? 다시 총을 버렸다고 한다. 전국 통일을 이루고 도쿠가와 막부가 에도 시대를 안정적으로 지배하였기 때문에 전쟁이 없어졌다는 점도 있지만, 그보다는 무사들이 총보다는 칼을 더 선호했기 때문이기도 하다. 칼은 사무라이의 명예와 지위를 구현하는 것인 반면, 총은 외국에서 도입된 살인 도구에 불과하다는 인식이 퍼지면서 더 이상 조총을 소유할 필요가 없어진 것이다.

그런데 우연인지 아닌지는 몰라도 이곳 일본 조총의 발상지 타네가시마에 일본은 오늘날 최첨단 미래기술의 상징이라고 할 수 있는 우주센터(정식명, 種子島宇宙センター)를 만들었다. 2006년 이후 일본의 위성 발사용 로켓은 전부 이곳에서 쏘아 올리고 있다. 그리고 바로 옆에는 우주과학기술관을 개관하여 일본 전역에서 오는 관람객들을 맞이하며 일본의 자긍심을 고취시키고 있다. 500여 년에 걸친 과거의 역사를 오늘날 일본이 이렇게 해석하고 있는 것이다.

빛나라 상식의 별 - 일본인들의 과학에 대한 호기심. 철포(조총)

제3장
일본과 비교해 보면 한국은?

1. 기초과학 투자
vs. 응용기술 투자

최근 10년간 정부 총지출 대비 R&D 투자 규모

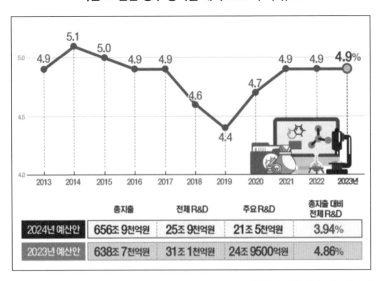

	총지출	전체 R&D	주요 R&D	총지출 대비 전체 R&D
2024년 예산안	656조 9천억원	25조 9천억원	21조 5천억원	3.94%
2023년 예산안	638조 7천억원	31조 1천억원	24조 9500억원	4.86%

자료: 노컷뉴스(2023. 9. 5.)
"대형 연구소 문 닫을 수도...과기부 '기관운영비'도 삭감 지시" 참고

우선 한일 간의 GDP 대비 R&D 구조를 살펴보자. 2022년 기준으로 OECD 국가 중 한국은 4.96%로 이스라엘 다음의 2위인데, 일본은 OECD 평균인 2%에도 못 미치는 1% 전후에 불과했다. 한국은 2022년 기준 연구개발비가 100조 원 시대를 열었다고 자축할 정도로 뭔가 열심히 하는 것처럼 정량 평가에서는 높은 점수를 받고 있다. *

인구 1천 명당 연구원 수 역시 세계 1위로 일본보다 많다. 과학기술 분야 논문은 연간 6만 편이 나온다. 일본에서 연간 발표되는 과학기술 분야 논문은 약 10만 편으로 절대적인 수는 우리보다 많지만, 일본의 인구는 한국보다 2.5배 많고 경제 규모는 세 배에 달하기 때문에 상대적으로 계산해 보면 우리나라의 연간 발표 논문이 더 많은 편이다. 최소한 데이터만 보면, 우리나라의 과학 연구와 관련된 정량 평가는 일본이나 주요 OECD 국가들에 비해 결코 뒤지지 않는다. 그런데도 왜 이렇게 과학기술 분야에서 일본을 따라가지 못하는 것일까? 이 점을 필자가 나름대로 해석해 보면 다음과 같다.

첫째, 우리나라의 R&D는 D인 개발비, 즉 산업계의 응용 분야와 기술 개발에 집중되어 왔고, 일본은 R인 리서치, 즉 기초과학에 집

* 과학기술정보통신부 인터넷 뉴스, "대한민국 정책브리핑"(2022. 12. 21.) 기사 참조.

1. 기초과학 투자 vs. 응용기술 투자

중해 지원해 오고 있기 때문이다. 한국은 고도성장을 해야 하는 상황에서 정부 R&D의 50%를 국가 경제 개발에 도움되는 응용 연구에 집중하는 개도국형 모델을 선택했다. 당장 먹고사는 문제를 해결해야 하고, 당장 수출을 우선하는 제품 생산에 도움이 될 만한 응용 기술 개발에 집중해야 하다 보니 기초연구나 이론 연구에는 소홀해질 수밖에 없다. 특허 출원은 많지만 이 역시 반도체나 통신, 의료 등 몇몇 특정 산업군의 응용 분야에 집중되어 있어서 기초과학 발전에는 학문적으로 기여하기 어려운 구조이다.

이러한 구조는 현재 대한민국의 대학에서도 마찬가지로 드러난다. 흔히 자연대에서 연구하면 기초과학이고 공대에서 하면 응용과학이라고 하는데, 우리나라는 자연대보다는 공대가 취업이 잘되기 때문에 순수과학을 등한시하는 경향이 뚜렷하다. 오늘날 학령 인구가 감소하면서 대학이 구조조정을 할 때에도 자연과학을 담당하는 이과를 폐과시키는 경우가 다반사다. 특히 지방대의 경우 물리학과나 수학과, 화학과 등은 벌써 없어진 지 오래다. 필자가 재직하고 있는 배재대학교에서도 물리학과와 수학과를 없애고 전기공학과로 바꾸었다. 기초과학은 염두에 두지 않고 당장 눈앞에 보이는 시장 논리만 보는 근시안적인 시각 때문이다.

최근 3년간 서울대 이공계 학생과 카이스트 학생 중 15%가 의약대에 재입학하기 위해 자퇴를 했다고 한다. 2023년 입시에서는 서울대 연대 고대 등 소위 SKY로 불리는 한국 최상위 대학의 정시 모집에 합격한 약 4,660명 중 28.8%에 해당하는 1,343명이 등록을 포기했다.* 입시 전문가들은 이러한 등록 포기 원인에 대해 교차 지원한 합격생들이 의학 계열로 지원했을 가능성이 높다는 합리적 의심을 하고 있다.

정부는 2023년부터 반도체 특성화 대학 8곳을 선정해 540억 원을 지원하고, 이들 대학에서 매년 400명 이상의 반도체 우수 인재를 배출하겠다는 목표를 내세웠다. 그러나 나름 똑똑하다는 인재들은 '의치한'(의대, 치대, 한의대)으로 몰린다. 서울대 물리학과보다 지방 촌구석에 있더라도 의대가 더 인기가 있다. 민사고 나와도 의대, 과학고 나와도 재수해서 의대, 전국에 있는 '의치한'을 다 채우고 나야 그 다음 서울대 공대의 빈자리를 메꾸고 있는 것이 우리의 현실이다.

그렇다면 의치한을 졸업한 수재들이 노벨생리의학상이라도 받을 만큼 의학 연구에 몰두하느냐 하면 그렇지도 않다. 왜냐면 의대 진학자들이 졸업 후 압구정동 성형외과 골목으로 진출하려고 하지 결코 의학이나 생리학의 연구자가 되려고 하는 것이 아니기 때문이다. 그러다 보니 의뱃상(의사배출상)이 있다면 우리나라가 당연히

---

* 한국일보(2023. 02. 19.) 기사 참조.

수상할 것이라는 자조적(自嘲的)인 표현이 나오는 것이다. *

　그럼 왜 똑똑한 인재들이 의대를 가려는 걸까? 우리 한번 솔직한 속내를 들여다 보자. 이공계 전공 졸업자들의 월급보다, 과학자들의 연봉보다 의사 돈벌이가 훨씬 좋기 때문에 의대를 가는 것 아니겠는가? 결국 돈이다. 피를 무서워하는 학생도 공부만 잘하면 부모님들이 의대 들어갈 것을 강요한다. 피아노 연주에 흥미를 가진 학생도 머리가 좋다는 이유로 의대로 보내려고 아우성이다. 자신의 관심사나 재능보다는 사회적으로 인정받고 돈도 많이 벌고 게다가 정년 퇴임도 없는 의사를 선호하기 때문이다.

　또 하나 심각한 문제 중 하나는, 학생들이 모두 '인 서울' 대학으로만 가려는 쏠림 현상이 심하기 때문에 지역 기반 대학의 반도체 학과에는 우수 학생을 유치하기 어렵다. ** 실제로 2023학년도 정시 모집만의 결과를 보면, 10명을 모집하는 연세대 시스템반도체

---

*　최근 정부가 의사 과학자를 양성하겠다며 카이스트와 포스텍의 의과대학 신설을 긍정적으로 검토하겠다는 뜻을 밝히기도 했다. 카이스트는 의과학대학원을 2026년 과학기술의전원으로 확대하겠다고 밝혔고, 포스텍 역시 2028년까지 연구중심 의대를 설립해 매년 50명의 의사 과학자를 배출하겠다고 밝혔다. 기초과학을 중시하는 한국 최고의 대학에서도 이러하니 의대 쏠림 현상으로 이공계열이 붕괴될 수도 있다는 염려가 나오는 것은 당연하다(2023. 3. 10., Medical Observer 기사 참조).

**　교육부의 '반도체 특성화대학 재정지원 기본계획'에 의하면, 반도체 인재를 양성하는 대학을 2023년 5월까지 공모를 거쳐 개별 대학 5곳(수도권 2곳·비수도권 3곳)과 대학연합체 3곳(수도권 1개·비수도권 2개)을 선정한 후 8개 대학에 올해 약 540억 원을 지원하고 이후 3년간 지원금은 관계부처 논의를 거쳐 지급한다고 하였다.

공학과, 16명을 뽑는 한양대 반도체공학과 1차 합격자 전원이 등록을 포기했다(중앙일보, 2023. 2. 28.).

애국심만으로 똑똑한 학생들이 기초과학 분야의 학과에 지원할 것이라는 생각은 1960년대 박정희 정권 시절에나 가능한 이야기일지 모른다. 학생들과 학부모들이 정부가 던지는 미끼에 현혹될 것이라는 생각은 아예 버려야 한다. 아니 어쩌면 기초과학이 왜 필요한지에 대한 인식을 전환하지 않고는, 또 이공계 출신이 사회적으로 대우받아야 한다는 컨센서스가 국민들 간에 형성되지 않고서는 기초과학의 중요성을 아무리 외쳐봤자 한낱 구호에만 머무를 것이다. 이러한 전제가 없이 미래의 먹거리와 개척 분야를 정부가 단기간에 뚝딱하고 만들어 주도하겠다는 아이디어는 빛 좋은 개살구에 불과할지도 모른다.

언론과 방송에서도 매년 10월 말에 노벨상 수상자 발표가 나오고 나면 기초과학의 중요성을 입에 침이 마를 정도로 강조하고 그런 문화가 정착하지 않은 한국의 사정에 대해 바뀌어야 한다고 한목소리를 내고 있다. 그런데 참으로 이율배반적인 것이, 앞서도 언급했지만 한국 대학에서는 기초과학이나 순수 학문과 관련된 학과는 또 취업이 안 된다고 폐과시키거나 응용과학학과로 통합시키고 있다. 이래저래 문제투성이다. 그렇다고 일본이 별난 국가는 아니다. 이공계 기피 현상은 일본도 비슷하지만 한국은 유독 심하다.

그렇다면 이제는 바뀌어야 하지 않을까?

한국전쟁 이후 경제 성장을 위해 어쩔 수 없이 응용 개발에 몰두해서 여기까지 왔다는 건 정말 대단한 것이고 이를 인정하지 않을 수 없다. 그러나 이제 대한민국은 세계 10위권 경제 대국이다. 수치상으로는 우리나라도 과거와 달리 응용 연구보다 기초연구에 더 많이 투자하고 있다. 기초연구 투자 비중은 2006년 23.1%에서 2016년 39.0%로 증가했고, 또 2008년부터는 기초연구비가 응용연구비를 추월했다. *

그런데 기초연구비의 세부 항목으로 들어가면 아쉬움이 남는다. 순수 기초의 연구비가 30%, 목적기초연구비가 66%에 이른다. 과학자들이 자신들이 하고 싶은 연구를 하는 비율보다는 정부가 목적을 갖고 계획한 연구프로젝트에 '고용'되어 시간과 열정을 쏟아붓고 있는 것은 아닌지 모르겠다. 그래서 한국 과학자들은 자신이 국가 연구 프로젝트를 진행하는 하청 업체와 같다고 불만이 높다.

이제는 기초과학, 순수과학에 투자해도 될 만한 분위기와 환경, 그리고 조건이 충분히 갖추어져 있는 것처럼 보이지만, 현실은 이렇게 다르다. 앞으로도 당분간은 기초과학에서의 열매를 맺기까지

* 과학기술정보통신부 인터넷 뉴스, "대한민국 정책브리핑"(2016. 3. 30.) 기사 참조.

는 시간이 많이 걸릴 것 같아 안타까운 마음이다.

둘째, 일본은 정부 R&D의 30%를 구체적인 항목 지정 없이 대학에 블록 펀딩(Block Funding) 형태로 지원하는 방식을 선택하고 있다. * 연구기관이 고유의 목적 또는 우선순위에 부합하는 연구를 촉진할 수 있도록 정부가 연구 방향과 총액만 결정하고 나머지는 기관장에게 예산 집행의 자율권을 부여하는 방식이다. 이렇게 하면 연구 예산과 연구 주제 선정, 그리고 인력 운영의 자율성이 확보되고 연구기관이 안정적으로 중장기 과제에 집중할 수 있기 때문에 대학은 고유의 임무에 집중이 가능하다. 이러한 예산 지원 방식은 결국 연구기관의 높은 자율성을 보장해주어 우수한 연구 성과를 달성하는 원동력이 되고 이것이 노벨상 수상과 연결되는 것이 아닐까 한다.

또 하나, 일본의 대학 연구비 지원 방식은 2001년 대학 구조 개혁 방침에 따라 실시된 '21세기 COE(Center of Excellence)' 프로그램을 계기로 크게 변했다. 이 사업은 일본 대학의 연구력을 세계 최고 수준으로 끌어올리기 위한 연구비 지원 사업으로, 이전까지는 국공립대학에 관례적으로 배분되던 연구비를 이제는 그렇게 하지 않

---

* 전유정, 차두원(2011. 12.), "주요국 연구기관의 블록펀딩(Block Funding) 지원 동향 및 시사점", KISTEP, Issue Paper

고 대학 간 경쟁을 통해 상위 10여 개 대학에 집중시키는 방식으로 전환하겠다는 것이다. 물론 이 과정에서 저항도 있고 논란도 있었다. 연구비 지원 예산과 관련하여 경쟁과 심사를 거치게 되면 국립대학 중에서도 7개 구(舊)제국대학이 연구비를 독식하게 될 것이라는 우려가 그것이다. 게다가 이와 같은 경쟁 체제 도입은 정부 예산 의존도가 높았던 국공립 대학에서도 반발이 있었다. 그러나 실제로 프로그램이 시행되자 국립대 중에서도 공공-민간 파트너십을 잘 구축한 츠쿠바대학(筑波大学)이나, 사립대학인 와세다대학(早稲田大学), 케이오대학(慶應大学) 등에서도 프로젝트가 채택되면서 이런 논란은 불식되었다.

문부과학성은 사업 선정에 대한 기준을 세밀하게 설정하고 투명하게 공개해 왔기 때문에 아직까지도 논란이나 반발 없이 자금을 운용해 오고 있다고 밝혔다. 또한 국공립 대학에 대한 운영비 보조금에도 평가기반 배분제도를 도입하는 등 향후 정부 예산의 운용 방식 전환에도 적응해 나갈 수 있도로 대처하고 있다. *

---

* 박기범 외(2022). "대학 구조개혁과 이공계 대학원 혁신의 연계방안", STEPI 정책연구 2022-15. p.24

그렇다면 다시 한번 한국을 뒤돌아보자. 2015년 KAIST의 기계공학과 오준호 교수팀이 개발한 휴보(Hubo)가 미국 캘리포니아주에서 열린 '미국방위고등연구계획국'(DARPA) 로보틱스 챌린지 대회에서 1위를 차지했다. 24개국이 참가한 대회에서 미국과 일본, 독일을 제친 1위라는 성적은 실로 대단한 성과이다. 그러나 휴보의 진실을 알게 되면 조금은 서글퍼진다. 휴보의 아버지 오준호 교수는 한국경제신문에서 이렇게 인터뷰를 했다. *

"휴보의 머리(제어기), 관절과 근육(액추에이터) 등 핵심 부분은 모두 일본, 스위스, 독일 등 외국 기술에 의존하고 있다. 정부가 로봇 산업을 국가전략산업으로 지정한 지 13년이 흘렀지만 확보된 원천기술은 거의 없다. 휴보를 뜯어보면 핵심 부품에는 '메이드 인 코리아'가 없다."

미국에서 1등을 했다고 언론에서도 자랑했지만 실상은 겉보기와 다르다는 점을 뼈아프게 지적한 것이다. 그렇다면 지금은 어떨까? 현재 휴머노이드와 관련하여 진행 중인 정부 과제 프로젝트는 없다. 2022년 국내 로봇 부분 R&D 예산은 1,329억 원이지만 휴머노이드 연구개발과 직접 관련된 예산은 아예 책정되지도 않았다.

---

* 한국경제신문(2019. 5. 8.), "15세 휴보 일본/독일 부품 없인 한 발짝도 못 걷는다" 기사 참조.

이게 한국의 현 주소다. 개발자나 연구자가 그만두면 모든 프로젝트나 연구는 거기서 멈춘다. 일본처럼 2대, 3대로 이어지는 선순환 구조가 없다. 휴머노이드 개발에는 천문학적인 돈이 투입되어야 하기 때문에 중소기업에서는 사업성이 보장되지 않는 한 아예 손을 대기 어려운 분야이다. 그런데 아이러니하게도 국내 로봇업계의 99%가 중소기업이다.

현재 휴보는 더 이상 개발을 할 수가 없어 중지된 상태이며, 이와 관련한 연구는 단지 학술적 목적의 논문이 나오는 정도에 불과하다고 한다. 결국 중소기업들이 택할 수 있는 로봇은 휴머노이드가 아니라 당장 사업화가 가능한 물류나 군사 전용 등 특수 목적에 맞는 산업용 로봇 개발에 한정되어 있을 뿐이다.

그런데 전 세계 휴머노이드 시장은 점점 커지고 있다. 2022년 기준 휴머노이드 시장은 15억 달러 규모이지만 제조업 분야에서 휴머노이드가 노동력 부족을 대체하게 된다면 2027년에는 12배나 성장하여 173억 달러(24조 원), 그리고 2032년이 되면 1,540억 달러(214조 원) 규모로 증가한다는 분석결과도 있다(시장조사업체: 마켓앤마켓). 그래서 정부의 R&D 예산 지원이 절대적으로 필요한 분야인데 오히려 삭감을 한다고 하니 이를 어떻게 받아들여야 할지 대한민국 과학계가 입을 다물지 못하고 있다.

셋째, 과감한 연구비 투자이다. 기초과학에서는 특히 자본의 투입이 중요하다. 2002년 고시바 마사토시(小柴昌俊, 2002년 수상)와 가지타 타카아키(梶田隆章, 2015년 수상) 교수는 일본 기후현(岐阜県) 가미오카 광산(神岡鉱山) 지하 1천 미터에 설치된 지름 39.3m, 높이 41.4m의 초대형 실험 시설에 5만 톤의 물을 담고 있는 '슈퍼 가미오칸데'를 활용하여 중성미자의 질량을 발견해 노벨물리학상을 받았다. 지하 1,000미터 지점에 설치한 이유는 우주로부터 날아오는 방사선의 간섭 없이 물리 현상을 관측할 수 있기 때문이다.

중성미자는 우주 만물을 구성하는 기본 입자이지만 질량이 거의 없고 전기도 띠지 않아서 대부분의 물질을 그냥 통과한다. 그런데 가지타 교수는 이 시설물을 이용하여 중성미자가 질량이 있다는 사실을 발견한 것이다. 그런데 일본은 여기서 그치지 않고 2020년에는 8,000억 원이 투입되는 초대형 '하이퍼-가미오칸데'를 구축하기 시작했다. 슈퍼 가미오칸데보다 더 큰 검출 시설로, 지름 74m, 높이 60m의 거대한 탱크를 설치하기로 한 것이다. 이 탱크에 불순물을 제거한 26만 톤의 물을 채우게 되면 우주에서 날아오는 중성미자를 검출할 수 있어 물질과 반물질의 비대칭성을 밝혀낼 수 있을 것으로 예상하고 있다. *

* 동아사이언스(2021. 5. 31.), "노벨상 4번 받은 중성미자… 미일투자 더 하는 이유" 기사 참조

이건 무엇을 의미하는가? 단도직입적으로 말하자면, 소위 '장비빨'이 받쳐줘야 연구가 가능하다는 이야기이다. 노벨상과 관련한 우수한 연구 결과는 대부분 연구 장비, 그리고 분석 도구와 깊은 관련이 있다. 기초과학은 개인의 연구 분석에 한계가 있어서 정부나 대학 등의 기관에서 연구비를 지원받지 못하면 불가능한 것들이 대부분이기 때문이다.

우리나라는 지금까지 국가가 R&D를 주도해 왔다. 기업은 당장 돈이 되는 것 이외의 불투명한 미래를 위해 투자하기가 쉽지 않다. 혹시라도 실패할 경우 기회비용이 너무 크기 때문이다. 그래서 돈이 안 되는 기초과학은 국가가 좀 과하다 싶을 정도로 투자를 해야 한다. 왜냐면 우리나라는 사람 외에는 특별한 자원이 없기 때문에 인재들을 키워야 한다. 10년 후, 30년 후, 50년 후의 앞이 보이지 않는 연구를 국가가 투자해서 주도해 나가야 한다.

그런데 이렇게도 갑자기 아무런 준비할 시간도 주지 않은 채 지금까지의 예산을 삭감한다면 기업도 국책연구소도 출연연도 대학도 향후 세워놓은 계획들이 수포로 돌아가게 될 것이다. 그리고 그 결과는 우리가 예측할 수 있는 불행한 시나리오대로 흘러갈 가능성이 높다. 기초과학이나 기술과 관련된 미래가 불투명하고 불확실하다면 지금의 청년세대들은 절대로 기술자나 과학자를 목표로 공부하지 않을 것이다. 그렇지 않아도 인구절벽에 대학원 진학률이 점점 낮아지는 상황에서 누가 불확실한 미래를 위해 시간을 투자하고 연구를 하기 위해 대학원에 진학하겠는가? 투자한 시간과 수업료에 비해 가성비가 좋지 않으니, 차라리 그 정도의 열정이라면 의대를 가는 것이 현명한 선택이 될 것이다.

그런데 정부는 반도체학과 인원은 늘리겠다고 한다. 예산을 삭감하고 미래가 불확실한 공대를 목표로 공부를 할 학생이 줄어드는데 이런 모순도 없다. 그래서 정부는 좀 과하다 할 정도로 기초과학 분야에 투자할 필요가 있다.

그렇다면 일본은 어떨까? 일본이 과학기술 분야에서 한국과는 차원이 다른 설비 투자를 통해 기초과학도 튼튼해지고 노벨상도 받는다면 우리도 그렇게 해 볼 필요가 있지 않을까? 물론 일본도 처음부터 기초과학에 올인한 것은 아니다. 이러한 방향을 초기 과학기술자들이 잘 다져 놨기 때문에 가능했던 것이다. 앞서 소개했던 다카미네 조키치가 리켄(이화학연구소)의 설립(1917) 모임에서 강조했던 스피치를 되돌아 보면 실감이 난다.

"일본의 폐단은 너무 조급하게 성공을 요구한다는 겁니다. 그러다 보니 응용 연구를 개척하려고 합니다. 그러나 그렇게 하면 이화학연구의 목적을 달성할 수 없죠. 반드시 순수 이화학

연구 기초를 다져야 합니다."*

이게 1917년 당시의 발언이었다는 것이 놀랍기만 하다.

유카와 히데키(湯川秀樹, 1907~1981)가 중간자의 존재를 연구해 1949년 일본인 최초로 노벨상을 받았을 때의 노벨상 수상 소감에서도 일본의 과학계에 대한 그의 메시지는 강한 인상을 남기고 있다.**

"진정으로 일본 과학의 발전을 기뻐하고 한층 더 높은 진보를 원한다면, 일반 과학자들의 생활 문제를 진심으로 생각해주기 바란다."

이를 다른 말로 바꾸어 표현하자면, 기초과학에 종사하는 연구자들이 생활 문제로 연구를 포기하지 않도록 물심양면으로 지원해주어야 한다는 말이자 기초과학에 대한 투자의 중요성을 빗대어 부탁한 말이기도 하다. 사실 일본 역시 이공계 석박사 진학률이 높지는 않다. 당장 눈에 보이는 결과가 잘 보이지 않는 이공계 연구

---

* 志村幸雄(2006), 『現代物理学をつくった人々』, 講談社
** 柴垣和三雄(1977), 『現代物理学をつくった人々』, 東京図書

라는 것이 어려운 분야이기 때문이다. 그래서 고육지책(苦肉之策)으로 내세운 정책이 있다. 일본 정부는 2000년대 후반 고도 인재 포인트제 등을 마련해 해외 인재들의 일본 취업과 장기 체류, 나아가 영주 체류 자격 획득이 용이하도록 법 제도를 정비하였다.* 국가 차원에서 해외 인재들을 유치할 수 있는 제도를 마련하기 시작했고, IT 등 첨단 산업 분야를 중심으로 기업들이 해외 채용을 확대하기 시작한 것이다.

한국은 일본보다 늦게 기초과학 연구를 시작했다. 1977년에야 미국과학재단(NSF)을 본떠 한국과학재단(현재 한국연구재단)을 설립했고 본격적으로 기초과학에 투자하기 시작한 건 1980년 이후다. 국가 연구개발비(R&D) 총액이 1조 원을 넘긴 게 1993년, 유룡 단장 등 '국가대표급' 과학자들의 연구를 장기 지원하는 창의적 연구 진흥 사업이 시작된 건 1996년이다. 일본 기초과학의 뿌리가 150년이 훌쩍 넘는 반면 한국은 이제 겨우 30년을 넘긴 셈이다. 일본은 1868년 기초과학에 투자하기 시작해 1901년 제1회 노벨상 수상부터 꾸준히 후보를 낸 끝에 1949년 첫 수상자 유카와 히데키를 배출했다.

---

* 과학기술 분야를 중심으로 고도의 지식을 가진 해외 인재의 자격 요건을 점수화하여 일정 포인트 이상을 보유하면 일본 내 장기체류를 할 수 있도록 기존보다 수월하게 해주는 제도이다.

1. 기초과학 투자 vs. 응용기술 투자

우리가 일본보다 늦게 출발했으니 수상자가 없는 건 당연한 것이다. 지금 우리가 실망할 일은 결코 아니다.

다만...

다만 노벨상을 진정으로 원한다면 몇 가지 걸림돌을 제거하고 문제점을 개선해야 한다는 숙제는 여전히 남아 있을 뿐이다. 이를 해결해야 하지 않을까?

2. 기다려주는 문화 vs. 조급해하는 문화

연구자들의 연구비 지원은 어떨까? 연구비 지원은 일본처럼 몇십 년을 기대하기 어렵다. 일부 대형 연구단을 제외한 개인 연구자를 대상으로 하는 지원 사업은 모두 1년에서 3년짜리다. 그 안에 성과를 내지 못하면 연구비가 끊긴다. 2016년 박근혜 정부 때 5년까지 연장한 게 그나마 다행이다.

GDP 대비 R&D는 세계 최고인데 기초과학 분야에서도 결과물을 '빨리빨리' 내야 하는 압박감과 성과주의식 연구개발에 집중되어 있기 때문에 장기적으로 시간을 요하는 연구에는 소홀해질 수밖에 없다. 그 결과가 바로 황우석 사태가 아니던가? 그런데도 우리는 황우석 사태를 반면교사 삼지 못하고 지금도 조급해하고 있다. 이건 연구자의 자질 문제이기도 하지만 사회적으로도 우리 국민들이 좀처럼 진지하게 기다려주지 않기 때문이기도 하다.

최근 한국 연구진과 관련 연구소가 전 세계에서 최초로 개발했다는 '상온상압 초전도체 LK-99'를 두고 전문가들 사이에서 의견이 분분했다. 특정 온도와 압력에서 전기저항이 0이 되고, 이렇게 전기저항을 상실한 물체를 초전도체는 전기 저항 없이 무제한으로 전류를 흘려보낼 수 있어서 발전 송전 효율이 혁명적으로 좋아진다. 그렇기 때문에 자기부상열차나 핵융합발전, 또는 양자컴퓨터 등 미래 첨단기술에서 사용 가능하게 된다.

그런데 우리나라 연구진들이 상온 상압에서 작동할 수 있는 초전도체를 개발했다면서 개발자들의 자신감은 하늘을 찔렀다. '전 세계 연구진들이 우리를 따라올 것'이며 '전 세계가 후속 연구를 하고 있다.'라고 호언장담을 하는 인터뷰 기사와 뉴스를 보았다. 정말로 한국인 연구원과 연구소에서 세계 최초로 개발하고 이게 상품화될 뿐만 아니라 노벨상까지 받는다면 얼마나 좋으랴. 실제로 영하 250도에서 초전도 현상을 발견한 연구자가 1987년 노벨물리학상을 받았던 기록이 있기 때문에 사람이 생활 가능한 상온 상압 상태에서의 초전도체를 발견했다면 대한민국을 넘어 전 세계를 놀라게 할 만한 역사적 사건이기에 아마도 노벨상보다 더 큰 상이 있다고 해도 그 상을 수상할 가능성이 충분할 것이다.

그러나 너무 성급하게 확정적인 결론을 발표했다. 왜냐면 이 뉴스가 나가고 나서 여러 매체에서 한국 연구기업 퀀텀에너지연구소

가 주장하는 'LK-99'는 전기가 통하지 않는 절연체라는 연구 결과
가 나왔기 때문이다. 특히 국제학술지 네이처에서는 독일 슈투트
가르트 막스플랑크 고체연구소와 미국 하버드대의 연구 결과를 인
용하여 LK-99가 초전도체가 아니라는 결론을 냈다. *

　　혹시 우리나라 연구팀들이 조금 더 시간을 두고 신중히 검토하
고 제대로 분석한 후에 발표했다면 어땠을까? 우리 국민들만 조급
한 게 아니었다. 연구자도 연구소도 역시 누가 쫓아오기라도 하듯
조급해하고 있다. 2023년, 선진국 한국에서 또다시 황우석 사태가
번복되다 보니 그 부끄러움은 고스란히 우리 국민 모두의 몫이 되
어 버렸다.

　　또 다른 조급함을 보자.

　　노벨상은 올림픽이나 월드컵의 금메달과 다르기 때문에 과학자
를 운동선수처럼 압력을 가해서 단시간에 끌어올릴 수는 없다. 그
런데 한국 정부와 정치가들은 시류에 민감하다. 2016년 알파고와
이세돌 9단의 바둑 대결이 주목을 받게 되자 갑자기 '2020년까지
AI에 1조 원을 투자하겠다.'라고 발표했다. ** 정부가 관심을 갖게
되는 순간 그 사업은 망한다고 한다. 왜냐면 정부가 투자를 했다는

---

*　　한국경제신문(2023. 8. 18.), 머니투데이(2023. 8. 21.) 기사 참조.

**　　조선비즈(2016. 3. 18.), "정부 '한국형 알파고' 개발, 5년간 1조 투입" 기사 참조.

건 한국 정서상 단기 성과를 요구하기 때문이다. 이러한 한국의 연구 풍토는 결국 오랜 시간과 끈기를 요구하는 기초과학을 후퇴시키는 결과를 낳게 된다.

한편 우리나라 정부가 제시하는 기초과학 과제의 80%는 5천만 원 미만의 소액 과제다. 보통 경쟁률은 5:1 정도여서 기초과학 분야의 연구비를 신청해 선정된 20%의 연구자를 제외하면 나머지 80%의 대학 소재 교수나 연구원들은 연구비 없는 연구를 하고 있다고 해도 과언이 아니다. 인문사회계열과 달리 이공계에서 연구비 없이 연구를 한다는 건 거의 형식적인 논문에 불과할 수도 있다.

연구비를 받았다고 해서 반드시 좋은 것도 아니다. 보통 5대 1의 경쟁을 뚫고 연구비를 받으면 20% 전후를 학교에 간접비로 내야 하고, 여기에 조교나 대학원생 등 보조 인력에 인건비를 주고 나면 실제 연구에 소모되는 비용은 줄어들 수밖에 없다. 그러다 보니 관행이니 뭐니 해서 교수가 연구비를 빼돌리는 최악의 사태로 9시 뉴스를 장식하기도 한다.

그런데 이제는 그나마 있는 연구비도 삭감한다고 한다. 과학기술정보통신부는 윤석열 대통령이 국가재정전략회의에서 '연구개발(R&D) 카르텔'을 지적하자 이에 대한 반응으로 국가과학기술연구회(NST) 산하 25개의 정부출연연구기관의 주요 사업비를 25% 삭감한 예산안을 통보했다.

사실 전체 출연연 예산에서 절반 가량은 정부의 수탁 과제 사업 예산이다. 출연연별로 살펴보면 한국전자통신연구원(ETRI)은 신규 R&D 예산 전액이 삭감되었을 뿐만 아니라 주요 사업비로 기존 대비 29% 줄어든 947억 원을, 한국과학기술연구원(KIST)은 주요 사업비 1,340억 원에서 26% 빠진 990억 원 가량을, 그리고 한국과학기술정보연구원(KISTI)은 기존 예산안에서 28% 줄어든 475억 원을, 한국항공우주연구원(항우연)의 예산은 23% 삭감된 398억 원을 각각 통보받았다. *

과학기술 관련 단체의 예산은 더 큰 폭으로 감소했다. 국내 최대 과학기술인단체인 한국과학기술단체총연합회는 정부 예산 120억 원 중 70%나 줄어든 40억 원을 배정받으면서 2024년부터는 기관 운영 자체가 불가능할 수 있다는 우려를 표명했다. 이는 당연하다고 본다. 왜냐하면 대부분의 국책연구기관들은 수년 전부터 연구 과제를 준비하고 이에 맞게 예산과 연구원 및 외부 연구 용역까지 확보해야 연구가 진행되는 구조이기 때문이다. 그런데 아무런 예고도 없이 이렇게도 갑자기 예산을 삭감하면 새로운 연구들이 첫걸음을 때지도 못한 채 혹시라도 내년에 고용하기로 한 박사

---

* 한국경제신문 및 조선일보(2023. 8. 11.) 기사 참조.

2. 기다려주는 문화 vs. 조급해하는 문화

후연구원(postdoctoral researcher)이나 연구소 내 연구원들 및 외부 전문가들이 있다면 이들에게 뭐라 변명할 것인가? 또 그들 중 일부는 정규직이 아니어서 연구 과제가 취소될 경우 생활고로 이어질 가능성도 높아 결국 먹고 살기 위해서는 지금까지 젊음을 바쳐 연구해 왔던 분야를 포기하고는 전공과 상관없는 직장을 구해야 할지도 모른다. R&D 예산 삭감으로 연구원들은 더 이상 설 자리가 없어 정부출연연구기관의 경우 신진연구자 규모를 줄이지 않기 위해 자체 재원을 전용해 유지하겠다며 부랴부랴 대처하느라 정신이 없는 듯하다.

2022년 세계혁신지수에서 한국이 스위스, 미국, 스웨덴, 영국, 네덜란드에 이어 6위를 기록한 데 비해 일본은 13위에 머물러 있다. 이제 조금만 더 땀 흘리면 우리나라도 기초과학에서 일본을 비롯 선진 과학국가들과 어깨를 나란히 할 수 있는 시점에서 R&D 삭감으로 혁신성과 창의력을 갖춘 젊은 연구자들이 이탈한다는 뉴스를 들으니 가슴이 먹먹하기만 하다.

앞서 설명했지만 일본은 30~40대 연구자들의 신분 불안을 해소하기 위해 '탁월 연구원 제도'에 예산을 쓰는 반면 우리는 오히려 연구비 예산이 삭감되면서 신분 불안과 연구에 대한 성취욕을 떨어뜨리고 있다. 혹시 대한민국이 대통령의 말 한마디로 앞 뒤 재

보지도 않고 이 모든 게 가능한 국가였다면 이런 시스템은 바로 멈추어야 한다. 예산이 과도하게 책정되었다면 예측 가능하도록 서서히 줄이는 방법도 있을 수 있고, 연구소들의 도덕적 해이(moral hazard)가 문제였다면 엄격한 처벌을 통해 두 번 다시 일어나지 않도록 점검하고 비리가 나오지 않도록 제도를 강화하면 될 일이다. 운전사가 갑자기 급브레이크를 밟으면 버스 안에 탄 사람들은 관성의 법칙에 의해 모두 앞으로 넘어져 다친다. 그런데 한두 곳에서 비리 케이스가 나오면 일괄 '땡처리' 하듯 전체를 동일한 시선으로 보는 것은 '정치적 퍼포먼스'가 아닐까? 흥청망청 연구비를 쓰는 과학자들보다는 만 원짜리 밥 한 끼 먹으면서도 영수증을 분실할까 봐 조마조마한 연구원들이 대부분이다.

빈대 잡는다고 초가삼간을 다 태워서야 되겠는가? 그것도 국가의 미래가 달린 과학 연구와 관련된 사업과 프로젝트를……. 그래서 요즘 '대관절'('대'통령이 '관'심을 가지면 '절'단난다)이라는 줄임말이 유행하나보다.

또 다른 문제도 있다. 인문·사회·자연과학 모든 분야에 골고루 나누어주어야 하는 평등의식이 강한 문화가 작용하고 있다. 성과를 바탕으로, 계획서를 바탕으로 기준을 정하기보다는 지역과 성별, 연령별로 골고루 분배하는 것이 아닌가 하는 합리적 의심이 든다. 그래서 과학 분야의 R&D 분배에서도 정치프레임으로 접근했다는 말이 나오는 것이다.

　또 하나, 연구비의 자유 공모는 5%에 불과하고 나머지 대부분이 기획 과제이다. 이게 무슨 의미인고 하면, 매년 프로젝트를 신청할 때마다 공무원들이 좋아하는 키워드가 들어가야 기획 과제의 선정율이 높아진다. 게다가 보고서의 글자 크기와 표지 색까지 지정한다. 제출하는 페이지도 정해져 있어 더 써도 안 되고 덜 써도 안 된다. 그러다 보니 중소기업이나 지방 대학들은 정부의 연구 과제를 수주하기 위해 자체적으로 제출한 계획서가 단지 '예쁘'지 못하다는 이유로 탈락했다며 불만이 높다. 내용은 괜찮은데 보고서가 촌스럽다는 거다. 결국 상당한 금액의 컨설팅비를 주고 '브로커'(컨설팅회사)들에게 대리작성을 의뢰한다. 선정될 경우 브로커에게 수수료를 더 주는 경우도 있다. 이들 브로커들은 '꾼'이기 때문에 공무원들이 좋아하는 보고서 스타일과 정부가 원하는 키워드를 적당히 활용하면서 소위 화장(cosmetic)을 잘 해 준다. 예를 들어 박근혜 정부에서는 알파고가 한창 뜨면서 'AI'나 '글로벌'과 같은 키워드가 연구 주제에 들어가야만 선정되고 연구비를 받을 정도였다. 문재인 정부에서는 '그린'을, 그리고 지금 윤석열 정부에서는 '혁신'과 '첨단'이라는 키워드를 좋아한다. 그러니 연구자들이 당장 연구비를 받기 위해서는 자신들이 하고 싶은 연구 주제보다는 정부 입김에 맞는 유행을 따르는 게 유리해진다.

그렇다면 일본은 어떨까?

일본은 특유의 장인 정신과 특정 분야에 몰입하는 풍토가 있다. 맡은 분야에서 책임을 다하는 것이 태어나고 살면서 사회에 진 빚을 갚는 길이라는 생각과 여기에 더해 자신의 관심 분야에 몰입하는 오타쿠(オタク) 문화가 맞물려 한 우물을 파는 연구로 이어지는 것이다. 그래서 일본 노벨상 수상자들의 면면을 살펴보면, 천재라기보다는 오랜 시간을 들여 집중력을 발휘하는 과학자들이자 정규분포를 벗어난 오타쿠들이 대부분이다.

2002년에 학사 출신의 회사원 다나카 고이치(田中耕一) 씨가 노벨화학상을 받은 것은 끈질긴 탐구 정신으로 학력의 벽마저 넘어선 케이스이다. 석박사 학위도 없는 그가 단백질 등의 생체고분자의 성질이나 입체구조를 간편하게 해석하는 소프트 레이저 탈착법 개발연구 성과로 노벨화학상을 수상한 이유를 들여다보면 일본 문화가 내재하고 있음을 느낄 수 있다. 노벨상 수상 소감에서 그가 한 말이 이를 증명한다. 참으로 '일본'스러운 인터뷰 내용이다.

"어렸을 때 할머니께서 '물건을 소중하게 쓰고 버리는 것을 최소화해라'라는 의미에서 '모타이나이'(もったいない)라고 말씀하신 것을 기억했다."

사용 기한이 지난 시약이 너무 아까워 버리지 못하고 있다가 우연히 이를 실험에 사용한 것이 연구 성과로 이어졌다는 것이다. 다행스러운 실수이자 생애 최고의 실패가 아닐 수 없다. 그가 노벨상의 공적을 할머니에게 돌린 것은 어쩌면 당연할 수도 있다. *

여기에 회사도 한몫한다. 다나카가 근무한 시마즈제작소(島津製作所)는 1875년 시마즈 겐조(島津源蔵, 1839~1894)가 교육용 이화학 기계 제조업체로 교토에 설립한 이래 지금은 의료 기기와 산업 기기, 그리고 항공 장비에 이르기까지 정밀 기기를 제조하는 장수 기업으로 성장해 왔다. 이곳에서는 연구원들이 하고 싶은 연구 테마나 일을 자유롭게 할 수 있도록 지원을 해주지만 실패했다고 해서, 또는 단기간에 성과를 내지 않았다고 해서 책임을 묻지 않는 회사로 유명하다.

야마나카 신야(山中伸弥, 2012년 수상) 교수는 또 어떤가? 황우석 박사가 줄기세포로 국제학술계를 주름잡을 때만 해도 변방의 무명

* 다나카 고이치(2004), 『일의 즐거움』 하연수 옮김, 김영사 참고.

연구자였다. 그러나 결국 이 분야에서 황우석 박사는 나락으로 떨어졌고, 신야 교수는 꾸준히 연구를 지속해 온 결실을 인정받아 2012년 노벨생리의학상을 수상했다.

나카무라 슈지(中村修二, 2014년 수상)는 대학의 교수나 대기업 연구소 출신도 아니다. 지방의 중소기업에 불과한 일본 니치아화학공업주식회사(日亜化学工業株式会社)에서 근무 중 1990년 청색 LED 소자 개발 후 상용화까지 이끈 공로를 인정받아 노벨물리학상을 수상했다. 이때의 연구가 근간이 되어 현재 우리가 사용하고 있는 LED 조명이나 TV, 스마트폰이 가능해진 것이다. 연구자도, 기업도, 국민도 모두가 진득하게 기다려 준 덕분이다.

오무라 사토시(大村 智, 2015년 수상) 명예교수 역시 장인 정신의 모델이라고 할 수 있다. 그는 흙 속의 미생물을 모으기 위해 늘 비닐봉지를 들고 다녔다. 노벨상 수상 이후에도 연구를 게을리하거나 교만해지지 않고 여전히 장지갑 속에서 비닐봉지를 꺼내 든다. 언제 어디서든 토양의 샘플을 곧바로 채취할 수 있도록 하기 위해서이다.

모두들 남의 시선을 그다지 개의치 않고 어제나 오늘이나, 상을 받든 안 받든 자신의 연구를 계속해 나가는 연구자들의 우직함이 이렇다. 그 누구도 연구 결과가 빨리 나오지 않는다고 재촉하거나 논문 조작에 대한 유혹에 넘어가지 않고 그저 내가 하는 연구이니 결과를 낼 때까지는 꾸준히 계속해야 한다는 자세를 유지해 온 것이다.

일본의 노벨상 수상자 29명은 사실 수많은 연구자들에 비하면 극히 일부에 불과하지만, 전반적으로 일본 대학의 교수나 연구자들은 바보스러울 정도로 연구 활동에 전념한다. 2020년 나고야대학 정교수가 된 신지영 박사는 서울여자대학 교내신문 인터뷰(2021. 1. 15.)에서 이렇게 말했다.

"나고야대학(名古屋大学)에서는 세계적으로 유명한 교수님들이 많이 계시는데 그런 교수님들이 아침 일찍부터 저녁 늦게까지 일하시고 연구하는 모습을 보면서 저는 항상 부족함을 느낍니다. 정년을 앞두신 교수님들이 밤 12시를 넘기면서 연구하는 모습은 여기서는 너무도 자연스러운 모습입니다."*

* 서울여자대학 공식 블로그 '슈닌터뷰'(2021. 1. 15.), '나고야대학교 공학부 정교수 신지영 박사님 인터뷰'

그렇다고 해서 일본 교수들의 연구비가 많은 것도 아니고, 연구 환경이 좋다고만도 할 수 없다. 그런데도 그저 정시에 출근해서 하루 종일 친구도 없이 단조롭게 연구만 한다. 과학자의 과학에 대한 열정과 사명감, 그리고 바보스러울 정도로 연구 활동에만 전념하는 프로 정신을 갖고 있을 뿐이다. 국가 경영이나 정치 성향을 드러내고 발언하는 경우도 좀처럼 보기 힘들거니와 교내 정치에 휘말리거나 관심을 갖는 교수들도 찾아보기 어렵다.

회의가 있을 경우 우리나라는 식사를 겸해서 하거나 스낵과 커피는 기본적으로 제공하지만 일본은 일절 없다. 내 돈 내고 사 먹기 전에는 물 한 모금도 제공하지 않는다. 모두가 그런 건 아니지만, 또 항상 그런 건 아니지만 보통은 아내가 만들어 준 벤또(도시락)를 들고 오거나 자신이 편의점에서 사 온 빵과 음료수를 갖고 와서 주변 아랑곳하지 않고 꺼내 놓고 회의한다. 회의가 끝나면 자투리 시간에 수다를 떨지도 않는다. 조용히 자기 연구실로 들어가 연구에 전력한다. 우리나라에서 대학 교수가 도시락 싸와 다른 사람들 앞에서 꺼내 놓으면 아마 쫌생이처럼 보인다며 뒷담화가 오고 갈 수도 있지만, 일본은 전반적으로 우리와는 분위기가 다르다.

박사 과정 당시 필자를 지도했던 스승 역시 점심때가 되면 지극히 단순한 도시락이지만 나를 앞에 두고 자신의 먹을거리를 꺼내 놓았다. 한국에서는 대학 교수가 도시락을 싸 오는 것도 드문 일이지만, 싸 왔다 해도 제자가 있는 곳에 도시락을 내놓는다는 것은 여간 힘든 일이 아닐 것이다. 처음엔 이게 뭐지? 하며 익숙하지 않아서 당황했지만 오히려 이런 관계가 군말 없이 오래간다는 것을 알게 되었다.

그래서 우리나라는 오타쿠가 생기기 어려운 구조인가 보다. 우선 연구자들도 그렇지만 주변 환경이 기다려주는 문화가 아니다. 기다려주지 않으면 과학자들은 조급해질 수밖에 없다. 문제는 우리 정부와 국민들이 연구자들에게 단기 성과를 요구할 경우 과학자들은 실패할 만한 주제를 선택하지 않을 확률이 높아진다는 점이다. 그럴 경우 리스크 있는 실험보다는 남들이 이미 했던 연구 주제를 선택하려는 유인이 강해진다. 당연히 창의성이 나올 수 없다.

특히 우리나라의 출연연 연구자들은 PBS 구조하에서 연구과제를 수주해야 하는 경쟁에 내몰려 왔기 때문에 중장기적인 관점에서 도전적이고 모험적인 연구는 포기해야 하는 상황에 몰려 있다. PBS(연구과제중심운영방식, Project-based system)란 1996년부터 출연연 연구사업비 편성이나 배분, 수주와 관리 등 제반 시스템을 과제 중심으로 운영하는 방식을 말한다. 그런데 이를 제도화 한 후부터는 각 연구소마다 인건비를 확보하기 위해 장기적인 안목에서 도전적이고 모험적인 연구는 포기하는 경우가 많아져 연구소 고유의 연구

역량을 발휘하지 못하고 있는 상황이다. 여기에 더해 최근 R&D 예산까지 삭감되다 보니 한국 과학계는 그야말로 쑥대밭이 되어 버렸다. 이번 R&D 예산 삭감은 결국 과학자들에게 기초과학은커녕 연구 자체에 관심을 두지 말라고 통보하는 것과 다름없다는 불만이 여기저기에서 쏟아져 나오는 것이다. 안철수 의원도 답답했는지 'R&D 예산 삭감은 고속도로를 닦아 놓고는 문을 잠근 격'이라고 표현했다. *

오래전 이야기이긴 하지만, 2012년 1월 KAIST 서남표 총장에게 전방위 사퇴 압박이 들어왔다. 서남표 총장에 대한 평가는 다소 엇갈리기는 하지만, 그가 카이스트를 개혁하고자 했던 의지는 높이 평가받을 만했다. 너무도 쉽게 테뉴어를 받는 한국 교수 사회의 잘못된 관행을 바로잡고자 지속적으로 연구하지 않으면 안 되게끔 테뉴어 심사 제도를 강화했더니 기득권 교수들로부터 사퇴 압력이 들어왔다. 또 학생들이 강하게 공부해야만 버틸 수 있는 100% 영어 강의와 징벌적 수업료를 도입했더니 학생들로부터 고소 고발이 이어지는 통에 결국 개혁에 대한 서 총장의 의지가 꺾이고 말았다.

---

* 2023년 9월 25일, 국회의원회관 제1소회의실에서 열린 '과학기술연구환경의 문제점과 개선방향' 토론회에서 정부의 R&D 예산을 구조개선 없이 줄이는 것에 대한 문제점을 지적하면서 나온 말이다.

2. 기다려주는 문화 vs. 조급해하는 문화

당시 서남표 총장은 언론과의 인터뷰에서 이렇게 말했다.

"제가 언제 그만두는가는 제가 정할 일이라고 봅니다. 한국의
과학 발전에 공헌을 하자고 왔는데 제가 KAIST의 개혁도 끝
나기 전에 그렇게 쉽게(그만두지는 않겠습니다)."*

그러나 그는 결국 물러나야만 했다(2013. 2. 23.). 정치적 입김이 센
한국 사회에서 더 이상 버틸 재간이 없었던 것이다.**

우리나라 과학기술계 기관장이 정권에 따라 좌지우지되는 양상
은 지금도 마찬가지다. 한국 사회가 시간을 갖고 기다려주지 않는
사례가 어디 이뿐이겠는가.

---

* 2012. 1. 25., 연합뉴스 인터뷰 내용.

** 서남표 전 총장은 최근(2023. 8. 16.) UNIST(울산과학기술원)에서 명예공학박사학위를 받기
위해 한국에 입국했다. UNIST가 지난해 세계 100위권 대학에 진입하는 과정에서 대학 혁신
과 경영 선진화 등에 관한 자문으로 도움을 준 공로를 인정받은 것이다.

3. 인적 네트워크의 진정한 의미

일본 노벨상 수상자들의 학부 출신을 살펴보면, 놀랍게도 전원 일본 국공립대학 출신이다. 사립대 출신은 전무하다. 그래서 일본 대학의 랭킹을 보면 도쿄대 다음이 케이오나 와세다대학이 아니다. 구제국대학이 상위에 랭크된 다음에야 케이오대학이나 와세다대학 같은 사립대가 그 뒤를 잇는다. 이를 두고 국립대는 학비가 싸서 가난한 인재들이 몰려들기 때문이라고 비아냥거리는 말도 있는데, 틀린 말은 아니지만 여기에는 분명한 이유가 있다. 일본은 전쟁 전 9개 제국대학을 설립하여 연구기관에 집중 투자해 왔고, 그 전통이 지금도 남아 있어서 구 제국대는 엘리트 코스라는 인식이 강하다.

그리고 이들의 출신 고등학교를 추적해 보면, 역시 제국대학으

로 연결되는 구제(舊制)고등학교 출신들이 대부분이다. * 구제고등
학교는 실질적으로 제국대학을 위한 기초교육기관으로서 인문계
와 이공계로 구분해 교육을 해 왔다. 예를 들어 가와바타 야스나리
(川端康成, 1968년 수상)가 인문계에, 유카와 히데키(湯川秀樹, 1949년 수상)
와 도모나가 신이치로(朝永振一郎, 1965년 수상), 에사키 레오나(江崎玲於
奈, 1973년 수상), 마나베 슈쿠로(眞鍋淑郎, 2021년 수상)는 이공계에 입학한
후 제국대학으로 진학했다.

　이들은 대부분 젊은 나이 때부터 안정된 직위에 충분한 연구 환
경을 갖춘 국립대학에서 연구가 가능했기 때문에 굳이 해외에 나
가 연구할 필요성을 느끼지 못했다. 이는 해외 유학, 특히 미국에
유학을 보내지 않아도 자국의 교육 시스템으로 충분하다는 자신
감과 석박사생들의 연구 환경에 대한 만족감이 높기 때문으로 해
석할 수 있다. 물론 해외 유학과 연구기관에도 기회가 되면 가지만
학위 목적이라기보다는 필드 리서치를 위해서다.

＊　구제고등학교는 1886년에 중학교령에 의해 설립되어 1950년까지 일본 최고의 실력을 자랑하
　는 고등학교로 도쿄, 센다이, 교토, 가나자와, 구마모토, 오카야마, 가고시마, 나고야 등 전국에
　걸쳐 8개가 존재했다. 이곳은 제국대학 진학이 목표인 예비학교이며 같은 연령대에서 구제고
　등학교 진학은 1%만이 가능했고 남학생만 입학 가능했다.

2022년 미국 이민세관단속국(ICE) 발표 자료에 의하면 미국 유학생 순위에서 한국은 중국과 인도에 이어 3위이지만 인구대비 유학생 순위로 보면 압도적으로 한국이 1위다. 그나마 코로나 이후 유학생 숫자가 줄어들어서 그렇지 그 이전에는 10만여 명에 이르렀다.

일본의 경우 인구는 한국에 비해 2.5배나 많은데 유학생 수는 절반도 못 미친다. 대신 자국 내에서 열심히 공부를 한다. 2008년 노벨상 수상자인 고바야시 마코토는 해외 유학한 경험이 없지만 1960년대 후반 나고야대학 대학원생 때 해외 연구자가 쓴 논문을

<표 12> 국적별 유학생 순위 및 남녀 학생 비율(2022년 기준)

순위	국적	여학생	남학생	총 유학생 수
1	중국	48%	52%	324,196
2	인도	37%	63%	297,141
3	한국	48%	52%	62,617
4	캐나다	49%	51%	41,392
5	브라질	55%	45%	37,904
6	베트남	54%	46%	29,742
7	일본	52%	48%	26,519
8	대만	48%	52%	26,225
9	사우디아라비아	31%	69%	24,485
10	나이지리아	45%	55%	22,935

자료: U.S.ICE

닥치는 대로 읽고 철저히 검증했다고 한다(NHK取材班, 2009). 2001년 노벨상 수상자 노요리 료지도 1960년대 초 교토대학 대학원 석사 과정 시절에 해외에서 발행된 화학 잡지를 탐독했다고 한다(読売新聞中部社会部, 2002).

그래서 일본에서는 해외 학자들과의 네트워크를 자랑하거나 그러한 인맥을 절대적으로 필요로 하지 않는다. 오히려 우리나라 교수나 과학자들의 대부분이 미국이나 영국, 일본 등에서 학위를 받아 오기 때문에 인적 네트워크가 더 촘촘할 수 있다. 그런 점에서 일본에서의 네트워크란 좀 다른 이야기이다.

무슨 말인고 하면, 일본은 연구실 단위 도제식 시스템으로 스승의 연구를 제자가 계승하는 문화여서 이러한 학문적 연계성이 노벨상의 중심 통로 역할을 하고 있다. 예를 들어 유카와 히데키가 노벨상을 받기까지의 시간을 거슬러 올라가 보자. 마치 대를 이어 가계를 후손에게 물려주듯 야마카와에서 시작해 나가오카로 이어지고 또다시 제자인 니시나를 걸쳐 유카와에 이르러서는 노벨상이란 열매를 맺었고 이후 도모나가 신이치로에까지 이어진다.

위에서 소개한 계보를 한 명씩 살펴보도록 하자. 야마카와 겐지로(山川健次郞, 1854~1931)는 국가로부터 미국의 물리학을 도쿄대에 이식하라는 임무를 받고 유학길에 올랐다. 일본 최초의 물리학 박사를 받고 1875년에 귀국한 후에는 동경대 총장을 지내면서 그의 제자인 나가오카 한타로(長岡半太郞, 1865~1950)를 유럽에 보냈고, 나가오카는 제자인 니시나 요시오(仁科芳雄, 1890~1951)를 유럽으로 보낸 덕분에 유럽의 소립자 물리학과 자유로운 연구 풍토를 일본에 이식할 수 있었다. 그래서 니시나를 '일본의 현대 물리학의 아버지'라고 부르는 것이다. 그리고 유카와가 공부할 즈음에는 일본에 물리학이 완전히 뿌리를 내렸다. 이렇게 4대째 학맥으로 이어 오는 문화는 아직 한국에서 찾기 힘들다.

이러한 학문적 네트워크는 여기서 끝이 아니다. 지금도 계속 이어지고 있다. 유카와에 이어 도모나가 신이치로(1965), 고시바 마사토시(2002), 고바야시 마코토(2008) 마스카와 도시히데(2008), 난부 요이치로(2008) 등이 학문의 연계성을 이어받으며 노벨물리학상 수상의 영예를 이어갔다.

여기서도 또다시 도제식 네트워크가 이어진다. 고바야시 마코토(2008)와 마스카와 도시히데(2008) 교수는 둘 다 사카다 쇼이치(坂田昌一) 교수의 제자들로 나고야대학에서 소립자 연구로 초석을 다져 노벨물리학상으로 이어졌다. 사카다 교수의 경우 권위 의식이 없던 것으로도 유명하다. 제자들과 가위바위보 게임을 해서 졌을 때 제자에게 꿀밤을 맞았다는 일화가 있을 정도다. 가지타 다카아키(梶田隆章, 2015년 수상) 교수는 고시바 마사토시(小柴昌俊, 2002년 수상) 연구실에서 수학하며 쌓은 실력을 바탕으로 노벨상을 받았다.

  그런데 문부과학성이 1987년부터 2006년까지 약 30년간을 추적해 전 세계 노벨과학상 수상자를 살펴봤더니 수상의 결정적 계기가 된 연구 업적이 주로 30대에 이루어졌다는 것을 알게 되었다. 이게 무엇을 의미하는가? 30대 시절에 가장 활발하고 창의적인 연구 결과가 나온다는 것이다. 문제는 일본의 30대 연구자들이 대부분 박사 후 과정이나 연구원, 또는 조교 정도의 불안한 신분에 머물러 있어서 자립적으로 연구 활동을 하기 어려운 조건에 처해 있으니, 이들이 마음 놓고 연구 활동을 할 수 있도록 조금만 밀어준다면 향후 이들의 연구가 토대가 되어 언젠가 노벨상으로 이어지지 않을까? 하고 결론을 지었다.

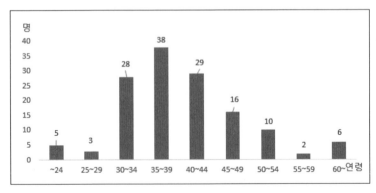

노벨상(화학상, 물리학상, 생리의학상) 수상 계기가 된
연구 활동 당시의 연령 분포(1987~2006)

출처: 문부과학성 홈페이지

그래서 일본 문부과학성은 2006년부터 박사 학위 취득 후 10년 이내의 젊은 연구자들을 공정하고 투명한 과정을 거쳐 선정하여 임기 5년 고용을 보장해주는 '테뉴어트랙 보급·정착 사업'을 실시해 오고 있다. * 이는 뛰어난 연구 능력은 갖추었지만 신분이 불안정한 연구자들이 안정적인 직(職)을 얻기 전에 연구자로 자립할 수 있는 연구 환경을 제공하기 위한 프로그램이다.

그러니까 국가가 나서서 젊은 연구자들이 세계적인 석학으로 성장할 수 있도록 자립적으로 연구할 수 있는 환경과 기틀을 만들어 주겠다는 것이다. 실제로 이 제도가 실시되면서 가시적인 효과를 충분히 보여주었다. 이 프로그램에 참여한 다수의 젊은 연구자들이 미국 전기전자학회 고든벨(Gordon Bell) 수상과 미국 Foresight Institute 화인맨상 수상, 미국 생리학회 New Investigator Award, 영국왕립화학회 PCCP(Physical Chemistry Chemical Physics)상, 과학기술 분야 문부과학대신상 등의 수상자 명단에 이름을 올렸다.

또 하나, 일본의 노벨상 수상자 대부분은 세계적인 대가들의 강연을 듣거나 그들이 쓴 논문을 공부하면서 영향을 받은 케이스가 많다.

* 일본문부과학성 홈페이지

3. 인적 네트워크의 진정한 의미

아인슈타인이 묵었던 후쿠오카의 숙소

출처: 모지 미츠이 클럽 홈페이지

1922년, 대한민국이 일본에 식민지 지배를 받던 그때에 아인슈타인(Albert Einstein, 1921년 노벨물리학상 수상)은 독자적인 길을 걷고 있던 일본인 이론물리학자들을 만나러 일본을 방문했고, 1929년에는 하이젠베르크(Heisenberg, 1932년 노벨물리학상 수상)와 디랙(Dirac, 1933년 노벨물리학상 수상)이 교토대에서 강연을 했다. 이것만으로도 당시 일본의 국력과 학문 세계가 어느 정도의 위치에 올랐는지 짐작이 가는 대목이다. 이때 영향을 받은 일본의 젊은이들이 있었으니, 유카와 히데키와 도모나가 신이치로가 바로 그런 케이스이다. 둘 다 위대한 학자들의 일본 방문 이후에 양자역학을 공부하는 계기가 되었다고 한다.

사실 한국인 최초의 필즈상 수상자인 허준이 프린스턴대학교 교수도 서울대 3학년 시절, 1970년 수학의 노벨상이라고 불리는 필즈상 수상자인 히로나카 헤이스케(広中平祐, 1931~)가 서울대 석좌 교수 시절 마련한 강의를 듣고 수학에 관심을 갖게 되었다고 한다. 그리고 히로나카 역시 비슷한 경험을 한 장본인이다. 그는 교토 대 대학원 시절 하버드대학 수학과의 오스카 자리스키(Oscar Ascher Zarisk, 1899~1986) 교수로부터 영감을 받아 박사 학위를 취득했고 당 시까지만 해도 대수기하학에서 풀리지 않았던 유명한 난제인 '대 수다양체의 특이점 해소 정리'를 완벽하게 증명한 공로를 인정받 아 필즈상까지 수상한 것이다.

이건 무엇을 의미하는가? 앞으로 우리 학생들에게 세계적인 석 학을 만날 수 있는 기회를 주어야 한다는 뜻이다. 시공간적으로 멀 리 있는 위대한 학자보다는 가까이 있으면서 자신의 실력보다 앞 선 분을 모델로 삼을 때 그 꿈의 실현이 극대화된다.

필자는 2016년 6월 일한문화교류기금 펠로우십 연구교수로 일 본 나고야대학에 머문 적이 있어 아마노 히로시(天野 浩, 1960~) 교수 연구실이 어디에 있나 가 본 적이 있다. 연구실 옆에는 화이트보드 가 있는데, 여기에 수업과 관련하여 질문하고 싶은 학생은 교수가 연구실에 없어도 언제든 화이트보드에 질문을 적을 수 있다. 그러면 아마노 교수나 연구실 소속 석박사생들이 그걸 보고 밑에 답변을 한다. 어떻게 보면 훌륭한 교수, 만나기 힘든 교수여서 다가가기조차 어려울 수 있는데 수강 신청을 하면 노벨상 수상자의 수업을 매주 들을 수 있고, 또 질문도 할 수도 있는 것이다.

노벨상 수상자로부터 수업을 듣는 학생들은 어떤 느낌일까? 노벨상이 나와는 전혀 상관없는 위대한 사람이나 받는 상이라거나 먼 나라의 이야기처럼 추상적으로 받아들여지지는 않을 것이다. 옆집 아저씨처럼, 그냥 내가 다니는 대학의 여러 강의 중 하나를 선택했고 그 강의를 진행하는 교수일 뿐이다. 이렇게 가까이에 노벨상 수상자가 있고 그분의 강의를 들을 수 있는 기회가 자주 있다 보면 나도 노벨상을 받는 것이 가능하지 않을까라는 꿈을 갖게 될 것이고, 그러면 구체적으로 실천 방안을 스스로 마련할 수 있다.

아마노 교수에게 영향을 받은 학생들이 그런 케이스일 것이다. 그들 중 일부는 노벨상에 도전할 수도 있다. 아니, 목적이 노벨상이 아니어도 상관없다. 졸업 후 대학원에 진학하든, 기업이나 연구소에 취업하든 이들은 자신들의 학문을 어떻게 살려 나갈지에 대해 목표를 갖고 전진할 것이다.

김연아 선수 이후 어린 학생들 중에서 피겨 선수가 많이 배출된 것처럼, 박세리 이후 '박세리 키즈'가 오늘날 한국 여자 골프를 세계에 우뚝 세운 것처럼, 과학계에서도 누군가 영웅이 탄생해야 한다. 그래야 나와 같은 한국말을 하고, 내가 좋아하는 김치찌개를 그분도 맛있게 먹네 하며 가까운 롤 모델을 만들 수 있다. 롤 모델이 없으면 목표를 설정하기가 어렵고 공부에 대한 리스크를 예측할 수 없기 때문에 아예 그 길을 가려고 하지 않는다. 이것이 눈에 보이지 않는 진정한 인적 네트워크이다.

우리나라는 매년 입시 철마다 무조건 수도권 대학을 채운 후에야 지방 대학들이 나머지 수험생들을 놓고 서로 뺏고 빼앗기는 전쟁을 치른다.

일본은 어떨까? 일본은 다르다. 보통 도쿄대학이나 교토대학 등 특정 대학 출신이 노벨상 수상자의 대부분일 것이라고 생각하겠지만 저 북쪽의 홋카이도대학에서 남쪽의 나가사키의과대학에 이르기까지 일본 열도 전역에 걸쳐 골고루 배출해 냈다. 이는 특정 대학에 연구 시스템이나 연구비가 편중되어 있지 않고 전반적으로 세계적인 경쟁력을 갖춘 우수한 국립대들이 지방에도 포진해 있다는 것을 방증하는 것이다.

수상자들의 박사 학위도 그리 큰 차이는 없다. 수상자의 83%는 일본의 국공립대학에서 박사 학위를 취득했고, 해외파 박사 3명의 경우는 모두 미국에서 학위를 취득(펜실베니아대, 로체스터대, 캘리포니아대 샌디에이고 캠퍼스)했다.

이제 일본에서는 '과학은 실험'이라는 마인드를 토대로 초중교육부터 기초과학 원리를 중시하는 실험 중심 교육 시스템을 실시하고 있고, 대학 또한 실험실 중심 교육이 이루어지고 있다. 어떤 실험이든지 할 수 있는 소프트웨어가 완벽히 갖추어져 있기 때문에 가능한 것이다.

어릴 때 꿈이 과학자라고 해도 초등학교 고학년만 되면 이런 꿈은 물거품이 되는 나라가 현재 대한민국이다. 학교가 아닌, 학원에서 가르치는 암기해야 할 과목이 어린 청소년들을 짓누르기 때문에 창의적인 사고나 꿈을 펼칠 '시간'이 없다. 이렇게 되면 똑똑한 인재는 늘어나지만 창의적인 인재는 줄어들게 마련이다. 오죽하면 한국에서는 수학도 암기 과목이라는 말이 나오겠는가?

공교육이 무너진 이런 교육 시스템에서는 확실한 결과물을 낼 수는 있을지 모르겠지만 결코 창의성을 길러낼 수 없다. 고3 때까지 수능에 목숨을 거는 교육 제도를 바꾸어야 한다. 창의력이 발휘될 나이에 모두가 입시에 '몰빵'하기 위해 전전긍긍 학원을 다녀야 하기 때문이다. 초중고는 입시 학원이고, 대학은 취업 학원이라는 농담들이 틀린 말은 아니다. 스스로 공부하고 고민하는 근력을 키우지 못하고 있는 지금의 교육 시스템은 반드시 바뀌어야 한다.

대한민국이 지금까지는 따라가는 과학 수준이었다면 이제는 앞서가는 기초과학 강국이 되어야 하지 않을까? 철학이 물리학의 베이스가 되었듯 당장은 돈도 안 되고 왜 하는지 모르게 보일지언정 앞으로 기초과학을 무시해서는 우리는 영원히 '넘버 투'에 머무를 것이다.

한편 우리 사회의 문제가 한국인의 노벨상 수상만으로 해결될 것 같지는 않다. 노벨상 수상자가 나올 경우, 혹시나 한국이 생각지도 못한 이상한 방향으로 발칵 뒤집혀질까 봐 벌써부터 염려스럽다. 그때부터 다시 기초과학과 관련한 초등학생 대상 학원이 등장할까 겁난다. 교육부는 또 허둥지둥 대학에 관련 학과를 개설하라고 압박을 할지도 모르겠고, 국책연구소에서는 연구 방향을 180도 트는 등 기초과학을 중심으로 새로운 유행이 만들어지는 건 아닐까?

내실을 다지거나 지금까지 해 온 것들을 꾸준히 지속할 수 있는 문화가 정착되지도 못한 채 노벨상 '흥행몰이'로 파도에 휩쓸려가지 않도록 하는 것이 중요한데, 사회적 분위기에 휩쓸려 정부가 돈을 뿌리면서 인위적으로 분위기를 바꾸려 한다면 우리의 노벨과학상 수상은 또 다시 1회성 잔치로 끝날 수도 있다.

<표 13> 일본 노벨과학상 수상자의 학부 졸업 및 박사학위 취득 대학명

수상 연도	노벨(과학상) 수상자	노벨상	학부	박사
2021	마나베 슈쿠로 (眞鍋淑郎), 미국적	물리학상	도쿄대학	도쿄대학
2019	요시노 아키라 (吉野 彰)	화학상	교토대학	오사카대학
2018	혼조 다스쿠 (本所 祐)	생리의학상	교토대학	교토대학
2016	오스미 요시노리 (大隅良典)	생리의학상	도쿄대학	도쿄대학
2015	가지타 다카아키 (梶田隆章)	물리학상	사이타마대학	도쿄대학
2015	오무라 사토시 (大村 智)	생리의학상	도쿄대학	도쿄이과대학
2014	아카사키 이사무 (赤崎 勇)	물리학상	교토대학	나고야대학
2014	아마노 히로시 (天野浩)	물리학상	나고야대학	나고야대학
2014	나카무라 슈지 (中村修二), 미국적	물리학상	도쿠시마대학	도쿠시마대학
2012	야마나카 신야 (山中伸弥)	생리의학상	고베대학	오사카시립대학
2010	스즈키 아키라 (鈴木 章)	화학상	홋카이도대학	홋카이도대학
2010	네기시 에이치 (根岸英一)	화학상	도쿄대학	펜실베니아대학

2008	난부 요이치로 (南部陽一郎), 미국적	물리학상	도쿄대학	도쿄대학
	고바야시 마코토 (小林 誠)	물리학상	나고야대학	나고야대학
	마스카와 도시히데 (益川俊英)	물리학상	나고야대학	나고야대학
	시마무라 오사무 (島村 脩)	화학상	나가사키의과 대학	나고야대학
2002	고시바 마사토시 (小柴昌俊)	물리학상	도쿄대학	로체스터 대학
	다나카 고이치 (田中耕一)	화학상	도호쿠대학	-
2001	노요리 료지 (野依良治)	화학상	교토대학	교토대학
2000	시라카와 히데키 (白川英樹)	화학상	도쿄공업대학	도쿄공업 대학
1987	도네가와 스스무 (利根川進)	생리의학상	교토대학	캘리포니아 대학
1981	후쿠이 겐이치 (福井謙一)	화학상	교토대학	교토대학
1973	에사키 레오나 (江崎玲於奈)	물리학상	도쿄대학	도쿄대학
1965	도모나가 신이치로 (朝永辰一朗)	물리학상	교토대학	도쿄대학
1949	유카와 히데키 (湯川秀樹)	물리학상	교토대학	오사카대학

자료: 각 수상자별로 일본어판 위키피디아 검색 및 정리

<표 14> 일본 노벨평화상과 문학상 수상자의 학력사항

수상 연도	노벨평화상과 문학상 수상자	노벨상	학부	박사
2017	가즈오 이시쿠로 (石黒一雄), 영국적	문학상	켄트대학	
1994	오에 겐자부로 (大江健三郎)	문학상	도쿄대학	
1974	사토 에이사쿠 (佐藤榮作)	평화상	도쿄대학	
1968	가와바타 야스나리 (川端康成)	문학상	도쿄대학	

자료: 각 수상자별로 일본어판 위키피디아 검색 및 정리

빛나라 상식의 별
- 히로뽕과 짬뽕의 국가 일본

    1893년 도쿄대 의학부교수인 나가이 나가요시(長井長義, 1845~1929)는 동경제국대학 교수로 재학 중 한방에서 천식약으로 사용하던 마황에서 에페드린을 추출하다가 우연히 메스암페타민(methamphetamine)을 발견했다. 이후 메스암페타민은 전 세계적인 인기를 얻으면서 파킨슨병과 발작성 수면증에 널리 쓰였다. 그리고는 드디어 1941년 대일본제약이 '히로뽕'(ヒロポン)이란 상품명으로 시판하면서부터 지금까지도 일반명사처럼 쓰이고 있다. 상품명 Philpon은 '일하는 것을 사랑한다.'라는 뜻의 희랍어 'Philoponos'에서 따온 것이다.

    2차세계대전 당시에는 연합국이건 동맹국이건 항공기와 잠수함 승무원을 중심으로 사기향상과 피로회복을 위해 상시 사용되었으며, 일본 역시 전시상태에서 군인들의 전투력을 개선하고 공장 노동자들의 능률을 향상시키기 위해 사용했다. 패전 후에도 일본인들이 이 약을 상시 복용하면서 허탈감을 달랬기 때문에 당시에는 일본 정부가 금지 약품으로 지정하지는 않았지만, 이후 약의 중독으로 인해 심각한 사회 문제가 발생하자 1951년 각성제단속법으로 단속하면서 이 '악마의 백색가루'는 마약으로 분류되어 시판을 금지당했다.

2018년에 개봉한 송강호 주연의 영화 '마약왕'은 일본에서는 단속이 심해 더 이상 히로뽕을 제조할 수 없게 되자 국내에서 히로뽕을 제작해 일본 고베로 수출하는 과정을 그린 영화이다. 물론 한국에서도 '마약류 관리에 관한 법령'에 따라 히로뽕을 제조하거나 취급하는 것만으로도 처벌을 받는 것은 일본과 마찬가지다. 단속반과 밀수업자 사이의 갈등을 다룬 이 영화는 180만여 명의 관객을 동원하면서 히로뽕을 대표로 하는 마약의 유통 과정과 심각한 부작용을 잘 묘사했다는 평을 받았다.

한편 '뽕'이라는 단어는 접미사로 여기 저기서 많이 사용되기도 한다. 대표적으로 '짬뽕'이 있다. 짬뽕(ちゃんぽん)

의 역사에는 여러 설이 있지만, 1880년대 일본 나가사키 (長崎)에 유학 온 푸젠성 출신의 가난한 중국 학생들이 배고픔을 견뎌내기 위해 잔반(殘飯, 일본어 발음은 잔빤)을 모아 음식을 만든 것에서 유래했다는 것이 대표적이다. 당시 여러 재료들을 듬뿍 넣어 기름에 볶은 후 진한 육수에 면과 함께 넣었는데, 이게 히로뽕을 했을 때처럼 맛있다 하여 이름이 짬뽕이 되었다는 설이 있다. 이 맛이 주변에 퍼지면서 짬뽕이 한국의 중국집에까지 전해진 것이다.

한편 히로뽕의 원료를 발견한 나가이 나가요시는 독일에서 유학한 경험이 있어서 1922년 아인슈타인이 일본을 방문했을 때 독일어 통역을 담당했다고 한다.

제4장
그렇다면 우리나라는?

1. 전반적인 상황 인지 ◇◇◇◇◇◇◇◇◇◇◇◇◇◇◇◇◇◇◇◇◇◇◇◇

2023년 현재 일본의 노벨상 수상자는 미국적 3명, 영국적 1명 포함 29명으로, 노벨경제학상 외에는 전 분야에서 골고루 노벨상을 배출했다. 평화상 1명, 문학상 3명을 제외하면 25명이 자연과학 분야에서 나왔다.

일본이 서구에 완전히 편입되고 1964년에 도쿄올림픽을 치르는 등 국력이 선진국 수준에 이른 이후부터 유독 수상자를 다수 배출하고 있다는 점을 의심하는 눈초리도 있다. 일본 정부의 적극적인 홍보와 노벨 재단에 상당액의 기금을 낸 데 따른 배려라는 비판이 그것이다.

그러나 문학 분야뿐만 아니라 과학 분야에서 노벨상 수상자를 배출해 온 일본 과학기술의 저력을 굳이 평가절하할 근거는 없다. 여기에는 일본의 기초과학 분야의 두터운 연구층과 국가적인 지원이 뒷받침되고 있기 때문에 가능한 것이다. 이러한 국가적 지원과 자신의 분야에서 최선을 다하는 사회적 분위기, 인기 위주의 연구보다는 기술 개발 그 자체에 만족을 느끼며 묵묵히 자신의 연구에 몰두하는 과학자들 성향이 노벨상 수상으로 이어진다고 보는 것이 더 타당할 것이다.

한편으로 보면 일본 정부의 가시적인 노력이 마치 홍보처럼 보일 수는 있다. 그러나 이는 노벨생리의학상을 주는 스웨덴 카롤린스카연구소(Karolinska Institutet)에 일본학술진흥회(JPSP) 연락사무소를 설치하고 4~5명을 상주시키며 일본 연구자 초청 강연 등을 주선해왔기 때문에 나오는 오해이다. * 이뿐만이 아니다. 일본학술진흥회에서는 2017년부터 매년 'JPSP젊은연구자해외도전프로그램'을 통해 카롤린스카연구소를 비롯해 북미 국가들에 연구원을 파견하고 있다. 아울러 일본의 케이오대학, 오사카대학, 리켄, 도쿄대학, 일본의과대학, 도쿄여자대학 등이 카롤린스카연구소과 MOU를 맺고 연구자들을 파견하고 있다.

---

* 중앙일보(2014. 10. 10.), "노벨상 0 vs 19 한국 30년, 일본 146년 기초과학 격차" 기사 참조.

한국은 어떤가?

최근 충북도 교육감이 충북 학생들의 노벨상 수상의 꿈을 키워 주겠다며 카를린스카연구소를 방문해 노벨위원회 위원장을 만나 면담을 하고 사진을 찍은 적이 있다.* 차라리 그 출장 비용으로 과학에 높은 관심을 갖고 있는 충청북도 학생들 10명을 뽑아 보냈다면 이들이 더 큰 꿈을 갖고 돌아왔을 것이다. 그리고 이를 매년 제도화해서 교육감이 바뀌더라도 지속적으로 충북의 학생들을 보낸다면 이들이 얼마나 멋진 꿈을 펼쳐 나갈지 상상만 해도 가슴이 뭉클거린다. 그러나 우리의 인식 체계가 아직은 위에서 아래로 내려오지 못하고 있다.

연구자들의 도덕성도 문제다. 2022년 개교한 한전공대(한국에너지공대)가 향후 노벨상 수상이나 우리나라 먹거리 산업을 이끌 가능성이 높다면서 국민의 기대감을 한껏 키웠지만, 최근 200억 원이 넘는 연구 프로젝트 사업비를 인건비 등으로 전용하여 사회 문제를 일으켰다. 개교한 지 1년밖에 안 된 데다 엄청난 논란 속에서 국민적 기대감을 받는 대학에서 있을 수 없는, 또 있어서도 안 될 심각한 도덕적 해이(moral hazard)이자 교수들의 민낯이 보이는 자기 망신의 부정 사건이 발생했다는 건 상식 밖의 일조차 넘어선, 그야말로 말도 안 되는 부끄럽고 수치스러운 일이다.

* 경충일보(2023. 5. 23.) 참조.

국민 세금인 정부·지방자치단체 출연금과 천문학적인 적자에 시달리는 한전과 전력그룹사의 출연금으로 조성한 한전공대 예산이 이렇게도 엉뚱한 데 사용된 것은, 세계 10위 경제 대국 선진 한국에서 일어났다고 하기엔 너무나 부끄러운 행동이다. 연구비를 용도에 맞지 않는 항목으로 실수로 착각하여 쓸 수는 있겠지만 의도적으로 빼돌리기 위해 사용한 건 차원이 다른 이야기이다. 학사 운영과 연구 프로젝트로 용도가 제한된 정부·지자체 출연금을 교수들이 연구 과제와 상관도 없는 신발 건조기와 무선 헤드폰을 구입하고, 직원들이 허위로 근무 시간을 조작해 수당을 챙긴 것을 어떻게 변명할 수 있을까?

안타깝게도, 노벨상 후보로 자주 거론되어 우리나라에 희망의 아이콘이 되었던 서울대 김진수 교수 사건도 도덕적 해이의 결정판이다. 2022년 11월 30일, 대법원은 유전자 가위 특허를 빼돌린 혐의로 항소심에서 선고 유예 판결을 받은 김진수 전 서울대 교수에게 징역 1년 형의 유죄를 확정했다. * 김 전 교수는 기초과학연구원(IBS) 유전체 교정 연구단장으로 근무하면서 국가 예산이 투입된 연구비로 유전자 가위 관련 특허기술을 발명한 뒤, 직무 발명 신고 없이 자신이 설립하고 자신이 최대 주주인 기업 명의로 이전한 혐

---

* 중앙일보(2022. 11. 30.) 기사 내용 참조. 현재는 싱가포르국립대 초빙교수로 재직 중이다.

의를 받았다. 서울대 교수로 재직하던 시절 재료비 외상값을 IBS 단장 연구 비용 카드로 결제한 혐의도 있다. 직무 발명에 대한 보상금액이 적은 부분은 개선되어야 하겠지만 어쨌든 학자로서의 도덕성에는 타격을 받았다. 이러니 정부의 연구비가 적다느니, 국민들의 과학기술에 대한 인식이 낮다느니하는 핑계를 댈 수가 없다.

또 다른 문제도 있다. 정부로부터 받은 R&D는 예산을 사용할 권리만 있고 결과에 대한 책임은 없다는 비판이다. 어떻게 R&D 예산을 사용한 연구 결과의 97%가 성공일 수 있단 말인가? 이런 기적이 일어나는 곳이 대한민국 말고 또 있을까? 그만큼 실패할 확률이 적은 연구주제를 택하였다는 반증이다.

우리나라에서는 2000년 김대중 대통령이 노벨평화상을 수상한 바 있다. 한국과 동아시아에서 민주주의와 인권을 위해, 그리고 특히 북한과의 평화와 화해를 위해 노력하였다는 공로였다. 이렇게 처음이자 마지막이었던 한국의 노벨상 수상으로 인해 전 나라가 떠들썩하였던 기억마저 이제는 아련할 뿐, 그로부터 23년이나 흘렀지만 기초과학 분야에서는 아직까지도 수상자가 단 한 명도 나오지 않고 있다.

말하기 좋아하는 사람들은 이를 한일 축구에 비유해서 29:1이라고도 표현하지만 노벨상이 과학의 성취 수준을 평가하는 표준도

잣대도 아니니 너무 자존심 상할 필요는 없다. 또 일본과 한국의 과학기술의 역사적 배경을 무시하고 노벨상 수상 실적만 놓고 스포츠 경기 비교하듯 말하는 것도 적절치는 않다. 오히려 이것이 독이 되어 '노벨상 콤플렉스'를 자극하고 연구에 매진하고 있는 과학자들의 기만 죽일 수도 있기 때문이다.

2014년 노벨물리학상을 수상한 나카무라 슈지 교수는 이런 말을 했다. *

"10년 안에는 한국이 노벨상을 꼭 받을 수 있을 것이다. 한국은 노벨상에 가까이 왔다."

이제 10년이 지나가고 있는 시점에서도 아직 노벨상 수상자가 나오지 않았기에 단순한 립 서비스였다는 생각이 들어 이 말 자체가 더 자존심 상하기도 했지만, 한편으로는 그만큼 희망이 보인다는 점에서 긍정적으로 받아들여도 좋겠다. 따라서 이제부터 우리는 우리의 좌표를 정확히 파악하고 그 목표와의 거리를 정확히 측정하는 것이 중요하다.

---

* 뉴시스(2014. 10. 22.) 기사 내용 참고.

2. 한국 과학의 미래 * ⟨⟨⟨⟨⟨⟨⟨⟨⟨⟨⟨⟨⟨⟨⟨⟨⟨⟨⟨⟨⟨⟨⟨⟨⟨⟨

1) 대덕연구단지

우리는 지난 40여 년간 선진국 과학기술을 모방하여 흡수하는 추격 모방 연구를 국가 연구개발의 핵심 전략으로 추진해 왔다. 따라서 원천기술을 확보하기 위한 연구보다는 응용 및 개발하는 연구가 주된 접근 방법이었다. 그런 과정에서 대한민국 과학기술의 메카로 대전에 있는 대덕연구단지를 언급하지 않을 수 없다.

올해(2023년) 출범 50주년을 맞은 대덕연구단지는 1973년 건설되어 한국 과학기술계의 중심지로 우뚝 섰다. 그러나 최초 설립 당시에는 연구소에 대한 물적 지원이 충분하지 못했고, 연구원들은 공

---

* 아래 소개하는 연구소들의 내용은 각 연구소의 홈페이지를 참조하여 기술하였다. 이 외에 과학기술정책연구원(STEPI), 한국항공우주연구원(KARI), 한국전자통신연구원(ETRI) 등 다수의 연구원 및 연구소가 있으나 지면상 모두를 소개하지 못함을 양해 바란다.

무원 신분이어서 임용과 급여에서 공무원 관련 법과 규정을 따라야 했기 때문에 적재적소에 필요한 인력을 충원하기 어려운 점도 있었다. 박정희 군사정권 초기 시절의 에피소드 중에는 연구소에 온도 측정을 위해 냉장고가 필요했지만, 당시에는 냉장고가 사치품으로 지정되어 있어서 구매가 불가능했다고 한다. 결국 냉장고가 아닌 '원자로 온도 측정용 제방 장치'라는 생뚱맞은 이름으로 변경을 하고 나서야 겨우 결재를 얻었다고 하니, 공무원 규정과 절차를 따라야 하는 정부 출연 연구소의 어려움이 한두 가지가 아니었으리라 짐작된다. *

지금 이곳에는 정부 출연 연구소뿐만 아니라 민간 기업의 연구소와 KAIST가 자리잡고 있다. 특히 정부 출연 연구소는 한국 과학 기술 발전의 견인차 역할을 해 왔다는 것을 부인할 수는 없을 것이다. 한국전자통신연구원(ETRI)은 휴대전화 CDMA 상용화 기술을 개발하면서 한국을 이동통신 강국으로 안내했으며, 한국원자력연구원(KAERI)은 다목적 연구용 원자로인 '하나로'를 개발했다. 문제는 기관장들 중 정부 낙하산 인사가 많아 정권이 바뀔 때마다 임기를 채우지 못하고 외부 압력으로 물러나거나 전문성 부족으로 사임하는 경우가 있어서 이런 부분들은 향후 지속적으로 보완해 나가야 할 것이다.

* 노재현(1993), p.64

2) 한국과학기술연구원(KIST)

1966년에 출발한 정부출연연구소인 한국과학기술연구원(KIST)은 미국 정부의 재정 지원으로 홍릉연구단지에 뿌리를 내렸다.

1967년 대통령 선거를 앞둔 시점에서 박정희는 '동양 최대의 연구소'라는 기치를 내세워 국내 최고의 시설과 정부의 직접적인 통제 없이 자율적인 운영권을 가진 KIST에 해외의 한국 석학들을 유치할 수 있었다. 그래서인지는 몰라도 당시 연구원들은 국립대 교수의 3배가 넘는 급여와 정부의 각종 지원 정책 덕분에 자신의 전공 분야에서 능력을 발휘할 수 있었고, 외국 귀빈이 방문하면 KIST를 방문지로 코스를 잡았다고 한다. 1970년대 중반 KBS 드라마 '꽃피는 팔도강산'의 주인공 맏사위가 KIST 연구원으로 나왔는데, 이 역시 이런 분위기가 반영된 설정이었다(김한상, 2008).

이렇듯 KIST는 '조국 근대화'의 상징으로서의 정치적 효과도 극대화할 수 있었다. 일본이 1850년대 이후 서양의 기술 및 과학을 도입할 때 모방과 개량을 통해 기술을 진보시킨 것처럼 KIST 역시 선진 기술의 모방과 추격을 통해 연구를 시작했지만, 2000년대 이후부터는 융복합 미래 원천기술을 중심으로 기초연구와 프론티어형 연구에 주력하고 있다.

3) 국방과학연구소(ADD)

1970년에 박정희 대통령의 전폭적인 지원을 받아 창설한 국방
과학연구소는 대한민국에서는 유일한 국방연구개발연구기관으로
국방력 강화와 방위산업 발전에 기여했다는 평가를 받고 있으며,
첨단 기술을 중심으로 무기 개발과 미래 전장을 선도하기 위해 군·
산·학·연과 함께 방위산업 발전에 이바지하고 있는 연구소이다.

국방과학연구소법 제1조에 의하면, 국방에 필요한 무기 및 국
방 과학기술에 대한 기술적 조사, 연구, 개발 및 시험과 관련되는
과학기술의 조사, 연구 및 시험 등을 담당하여 국방력 강화와 자주
국방 완수에 기여함을 목적으로 한다고 나와 있다.

ADD는 한국 방위 기술 연구의 근간이 되는 연구소이기 때문에
기술 유출 시 대한민국이 치명적인 피해를 입을 만큼 핵심 기술을
중요하게 처리하고 있다. 과거(2006)에 연구소 소속 연구원이 해외
방산업체에 레이더 성능 기술 관련 기밀을 유출했다 구속된 사례
가 있어 엄격한 주의는 당연할 것이다.

가끔 한국국방연구원(KIDA)과 국방과학연구소(ADD)를 혼동하는
경우가 있는데, KIDA는 서울 성북구의 KIST 옆에 국방부 산하 연
구원으로 안보전략과 관련된 연구원이고, ADD는 방위산업청 소
속으로 대전 유성구에 자리잡고 있다.

4) 한국원자력연구원(KAERI)

식민지 지배가 끝난 이후, 그리고 한국 전쟁 이후에도 국내 과학자들은 과학기술 발전의 큰 그림을 그리기 위한 정부 행정 기구와 연구소 설립의 중요성을 강조했지만, 당장 정치적으로 불안정한 국내 상황과 먹고 살기 힘든 경제적 여건 탓에 원자력연구소 설립은 빅 이슈가 아니었다. 그럼에도 불구하고 1959년, 대전 유성에 원자로 연구 및 개발을 목적으로, 그리고 방사성 동위원소의 생산 및 핵기술자 양성을 목적으로 대한민국 최초의 원자력연구기관이 설립된 것은 높이 평가할 만하다.

아울러 KAERI는 탄소중립 실현이라는 시대적 요구에 따라 민간기업과 협력하여 선진원자로 실증을 위한 연구개발과 사용후핵연료 안전관리를 위한 기술 개발에 힘을 쏟고 있다. 홈페이지에서 견학을 신청할 경우 다양한 프로그램을 통해 원자력발전소의 안전성을 검증하는 열수력 종합효과 시험장치(ATLAS) 등 원자력 안전성 향상 및 기술 선진화 현장을 직접 확인할 수 있다.

한국원자력연구원에서는 2023년 9월 기준 박사급 인력만 933명이 근무하고 있지만, 최근 연구원들의 유튜브 활동이나 외부 기고글 등을 보면 근무 환경은 좋은 대신 급료가 그렇게 높지는 않다는 이야기가 나오고 있다.

5) 기초과학연구원(IBS)

2011년 11월, 이명박 정부 때 '국제과학비즈니스벨트 조성 및 지원에 관한 특별법'에 따라 세계적 수준의 기초과학 연구를 수행하고 우수 연구 인력을 양성하기 위해 과학기술정보통신부 산하 공공기관으로 기초과학연구원이 출범했다. '노벨상 산실'로 불리는 독일 막스플랑크연구소를 모델로 만들었으며, '세계 10대 연구소', '노벨상급 과학자 보유 1위 연구소'를 만드는 게 목표다. 'Nature index 2020'에서는 세계 정부연구소 17위로 평가받았다.

'노벨 시차'라는 말이 있다. 기초과학 연구로부터 노벨상을 받을 때까지는 시간이 오래 걸린다는 의미이다. 서서히 속도를 올리고 있는 IBS가 진정으로 세계 10대 연구소가 되기 위해서는 조급해하지 말고 충분히 검증을 받을 만큼 기초과학을 튼튼히 다져 나가야 한다. 연구원들을 지원하되 성과가 나오지 않는다고 간섭하지 않아야 한다. 우리나라에도 이 정도의 시간의 축적을 참아낼 수 있는 곳이 한 곳은 있어야 하지 않을까? 그곳이 바로 IBS여야 한다.

2018년 대전 엑스포 부지인 도룡동에 IBS의 본원을 설립하고 연구단과 행정 조직을 이전했다. 현재 수학, 물리, 화학, 생명과학, 융합 등의 분야에 2개의 연구소와 33개 연구단을 운영중이다.

3. 우리나라의 노벨과학상 후보들 ∞∞∞∞∞

우리나라의 향후 노벨상 수상 가능성은 한마디로 우후죽순(雨後
竹筍)이라고 할 수 있다. 비 온 뒤 죽순이 막 나오는 것처럼, 이제부
터 수상 소식이 들려올 것이라는 전망이다. 유카와 히데키(1949년 수
상)는 14번이나 후보에 오른 다음에야 상을 받았고, 오스미 요시노
리(2016년 수상) 교수는 1993년부터 시작한 연구가 23년이란 지난한
시간을 보낸 후에야 수상했다. 이건 무엇을 의미하는가?

지금까지 우리나라에서 아직 노벨상이 나오지 못한 이유는 시
간의 축적이 부족했기 때문이다. 그러니 일본의 성공 요인에 너무
집착할 이유가 없다. 기초과학 분야에서 수상자가 많이 나왔다는
일본의 행운이 시간의 축적과 더불어 오래된 경험이라는 역사에
바탕을 두고 있는 반면 우리는 그런 시간을 충분히 갖지 못했다.

우리는 일제강점기(1910~1945)를 거쳤고 또 한국전쟁(1950) 이후에
는 당장의 배고픔과 굶주림이 일상인 시절을 보냈기 때문에 인류

공영의 지식 증진이라는 거룩한 '명분'을 챙길 여유가 없었다. 그런 건 정말 사치일 뿐, 당장 우리에게는 경제 성장이라는 '실리'를 가져다 줄 응용 분야를 선택할 수밖에 없는 조건만 남아 있을 뿐이었다. 그리고 우리는 우리가 선택한 목표를 달성하기 위해 최선을 다했고 그 결과 세계가 놀랄 만한 성과를 이룩했다. 그렇기 때문에 과거의 선택을 후회할 이유도, 과학기술을 축적하기에 늦었다고 안타까워할 필요도 없다. 기술 개발에 성공한 경험과 능력을 가진 우리가 지금부터 지식 증진을 위한 기초과학에서 성공하지 못할 이유가 없는 것이다.

시간의 축적이 필요하다는 말을 필자는 본문에서도 자주 언급했는데, 그 이유는 그러한 축적의 결과가 지금 서서히 표출되고 있기 때문이다. 1999년부터 젊은 연구자들에게 투자해 온 'BK21'(Brain Korea 21) 프로그램은 일본의 '탁월연구원제도'(2016년)보다 우리가 앞서 시행했다. 'HK지원 사업'* 프로그램은 기초과학 분야는 아니지만 학문의 균형 발전을 위해 인문사회 분야까지 정부가 지원하고 있다는 점에서 상당히 고무적이다. 이들 젊은 연구자들은 지금 일본식 장인 정신에 버금가는 '연구 덕후'들로 성장하고 있다.

---

* 인문한국(Humanity Korea) 지원 사업은 교육과학기술부 한국연구재단이 지원하는 사업으로, 대학 내 인문학연구소 집중 육성을 통해 인문학 연구 인프라를 구축하고 이를 통해 세계적 수준의 인문학 연구 성과를 창출하는 것을 목적으로 하고 있다. 국내 연구소의 연구 기능을 강화하고 연구 성과의 학문적·사회적 확산을 도모하기 위한 정부의 연구 기반 육성 정책 중 하나다.

3. 우리나라의 노벨과학상 후보들

지금부터 소개하는 과학자들은 최소한 노벨상 예측 후보로 거론된 적이 있으면서 한국의 대중매체를 통해 한 번 이상 검증된 업적이 있다고 인정받는 분들이시고, 실제로 수상 가능성이 높은 분들이다. 우리가 조금만 인내하고 기다려 준다면 노벨과학상 수상에 근접할 한국인 연구자들이 대거 나오지 않을까? 그런 날을 소망하면서 그분들이 누구인지 소개하고자 한다. *

---

*　2019년 한국연구재단에서 노벨상에 근접한 한국인 과학자를 선정해 발표한 적이 있으나, 본 저서에서는 모두를 소개하지는 못했다. 그건 전적으로 필자의 게으름도 있지만 연구분야의 깊이가 전공자가 아니면 이해하기 어려운 분야이기도 하여 소개하지 못해 죄송한 마음이다.

1) 생리의학

- 김빛내리 서울대 생명과학부 석좌교수

생리의학 전공으로 육체의 비밀을 밝히는 DNA 옆에서 생명의 탄생, 성장, 신호 전달 등에 결정적 역할을 하는 '마이크로 RNA'(miRNA)의 생성 과정을 2006년 세계 최초로 밝혀냈다. 마이크로RNA를 이해하면 유전자 결함으로 발생하는 질병을 치료할 수 있는 신약 개발이 가능하다고 한다. 김 교수는 특히 줄기세포와 암세포에서 RNA의 기능을 규명해 『네이처』, 『사이언스』, 『셀』 등의 과학 학술지에 10여 편의 논문을 발표해 세계적으로 주목받았다.

- 방영주 서울대 교수

서울대 의과대를 수석으로 졸업한 방영주 교수는 위암 임상의학계에서 세계적인 권위자로 알려져 있다. 수많은 항암제 초기 임상시험에 참여하고 위암 표적항암제와 면역항암제 치료효과를 세계 최초로 입증한 국제적인 신약개발 연구자이기도 하다. 방영주 교수는 아시아인 최초로 2013년 미국임상종양학회(ASCO)에서 최우수논문으로 선정된 바 있으며 그 외 490여 편의 논문을 권위있는 국제학술지에 발표할 정도로 연구력을 인정받고 있다. 한국에서는 노벨생리의학상에 가장 근접한 과학자로 알려져 있다.

2) 화학

- 유룡 한국에너지공과대학교 교수(전 KAIST 교수)

지난 2022년 3월 1일, 유룡 교수는 기존 KAIST에서 한국에너지공과대학교(이하 한전공대)로 소속을 옮겼다. 65세로 정년 퇴임 후 국내에서는 받아주는 곳이 없어 중국으로 가기 직전에 한전공대가 유룡 교수를 영입한 것이다. 유룡 교수는 매일경제신문과의 인터뷰(2021. 10. 17.)에서 "국민 정서엔 맞지 않겠지만 백수가 되느니 어디서든 열심히 연구 성과를 내는 게 더 애국하는 길이 아닌가."라고 했다. 정년 이후 제대로 연구할 곳을 찾다 보니 그렇게 된 것이다.

- 김기문 포항공대 화학과 교수

김기문 교수는 서울대를 졸업한 후 두 명의 제자를 노벨상 수상자로 키운 스탠퍼드대학의 제임스 콜먼(James Coleman) 교수의 연구실에 들어가 박사학위를 받고 1988년 포항공대 교수로 귀국했다. 이후 그의 활발한 연구 덕분에 2011년 논문 피인용지수 기준 세계 100명의 화학자에 이름을 올렸으며, 바로 다음 해 IBS가 출범하면서 연구단장으로 선임되었다. 한국인 최초로 제3세계 과학아카데미상을 수상하기도 한 그는 '화학은 숨이 긴 학문'이라며 기초과학 분야에서 조급해하지 말 것을 요구하고 있다.

3) 물리학

- 김필립 하버드대 물리학 교수

꿈의 신소재로 불리는 그래핀(graphene)의 물리·전기적 특성을 가장 먼저 밝히면서 노벨물리학상에 근접했지만, 2010년 정작 수상자 명단에서는 누락되었다. 세계적인 과학지 네이처(Nature)는 노벨 상위원회가 실수로 김필립 교수를 수상자 명단에서 찾아내지 못한 것 아니냐는 아쉬움을 전했을 정도였다.

- 현택환 서울대 교수

실온에서 온도를 서서히 올리는 방식으로 나노 입자를 균일하게 합성하는 방법을 개발했다. 현 교수의 합성 방법은 삼성의 QLED TV 개발의 토대가 되기도 했다.

- 임지순 포스텍 석학교수

한국 물리학자 최초로 미국과학학술원(NAS) 외국인 종신회원으로 추대받으며 노벨상에 근접한 물리학자로 이름을 알렸던 임지순 교수는 유룡 교수와 마찬가지로 정년 후 제도적으로 연구를 지속하기 어려운 상황에서 POSTECH 석학교수로 부임하여 연구를 지속할 수 있게 되었다.

빛나라 상식의 별
- 아톰 이야기

우리나라 기성세대들에게 '일본을 대표하는 만화 중 떠오르는 캐릭터는?' 하고 묻는다면 대부분은 바로 아톰이라고 답할 것이다. 그래서 미국에 미키마우스가 있다면 일본에는 아톰이 있다는 것이 틀린 말이 아니다. 아톰은 일본 만화의 신이라고 불리는 데츠카 오사무(手塚治虫, 1928~1989)가 1951년부터 『少年(쇼넨)』지에 연재한 만화이자 이를 원작으로 TV도쿄에서 1957년부터 방송하면서 시청률 30%를 달성한 애니메이션 시리즈의 타이틀이기도 하다. 사람과 똑같은 감정을 가진 소년 아톰은 그 시대에 상상할 수 있는 모든 능력을 갖춘 인공지능 로봇이다. 그래서 아톰이야기는 일본이 패전한 후 고도경제성장 과정에서 어린아이부터 어른들에 이르기까지 일본의 과학기술 능력을 간접적으로나마 보여준 걸작이라고 할 수 있다.

어느 정도의 능력을 갖추었을까? 우선 기본적인 에너지는 원자력을 바탕으로 움직이며, 60개국 언어로 소통이 가능한 인공지능이 탑재되어 있고, 인간보다 1,000배나 강력한 청력에 10만 마력의 근력을 보유하고 있다. 엉덩이에서 나오는 2정의 기관총도 기발한 아이디어이지만, 손가락에서 쏠 수 있는 레이저, 그리고 양다리와 양팔에서 나오는 로켓은 말할 것도 없거니와 눈에서 나오는 서치라이트 등을 보면, 지금의 상상력과 기술을 동원한다고 해도 그와 똑같은 능력의 로봇을 제작하는 것이 과연 가능할까 싶다. 게다가 선과 악을 구별해 낼 수 있는 전자두뇌까지 탑재되어 있으니, 여기에 어떤 신기술을 더 할 수 있을까? 아이디어가 금방 떠오르지 않을 정도다. 그래서 그런지 미국에서 제작한 6백만 불의 사나이, 소머즈, 원더우먼이 아톰에서 모티브를 얻었다는 소문은 신빙성이 매우 높다.

실제로 애니메이션 아톰은 일본의 로봇 산업에도 영감을 주었다고 한다. 마치 유카와 히데키가 노벨물리학상을 받은 후 일본 학생들이 물리학과에 몰린 것처럼, 철완 아톰의 애니메이션을 보고 로봇 기술자가 되고 싶어하는 꿈을 가진 학생들이 이공계로 진학한 것이다.

참고로 아톰의 생일은 4월 7일이다. 데츠카 오사무의 회사가 위치한 사이타마현(埼玉県) 니이자시(新座市)에서 2003년 아톰에게 시민권을 주면서 고민해 정한 날이다. 왜 이날일까? 아톰 만화가 출시된 날이기 때문이다.

맺으며

우리 역사에서 서구의 과학기술을 수용하는 과정은 중국이나 일본과는 적잖이 달랐다. 중국과 일본에는 기독교 선교와 무역을 위해 서양의 선교사들과 탐험가들이 자연스럽게 접근해 왔지만, 조선은 서양의 항해 노선으로부터 약간 북쪽에 치우쳐 있고 중국과 일본에 가려져 있어 그들의 관심에서 벗어난 땅이었다.

1543년 프란시스 자비엘이 일본에 기독교를 전파한 이래 큐슈(九州) 나가사키(長崎)의 테지마(出島)를 중심으로 서양인들이 드나들면서 이들은 철포뿐만 아니라 각종 과학기술이 녹아 들어간 도구들을 들여와 섬나라 일본인들의 호기심을 자극했다. 반면 조선 땅에는 일본보다 80여 년 뒤인 1628년 웰테브레(Weltevree)가, 그리고 1653년에 하멜(Hamel)이 표류해 온 것이 전부다. 이 중 웰테브레는 조선에 귀화했고 하멜은 조선에서 달아난 후 '하멜표류기'를 썼지만, 이 둘은 무역이나 선교를 위해 자진해서 온 것도 아니고 또 서양 과학을 조선에 전파할 만큼의 학식과 기술을 갖고 있지도 않은 단순한

선원에 불과했다. *

시간이 지나 17세기에 이르면서 중국을 왕래한 몇몇 학자들이나 소현세자 등이 중국에서 한역한 서양서적을 국내에 들어오면서 우리에게도 과학에 대한 눈을 뜰 수 있는 기회가 있었다. 우리가 잘 아는 실학자 정약용(1762~1836)이 수원성을 쌓을 때 Jean Terrenz가 서양 기계를 소개한 기기도설(奇器圖說)을 참고하여 기중기를 고안해 건설비를 크게 절약했다는 것은 잘 알려진 사실이다. 그러나 서양인을 오랑캐로 인식하던 험악한 분위기에서 한두 명의 천재들만으로 과학을 발달시킬 수는 없는 노릇이었다.

이런 가운데 1801년 신유박해는 기독교만이 아니라 서양 과학 도입까지 위축시키면서 찬물을 끼얹었다. 게다가 조선 왕조는 정약용을 유배 보내 희미하게 남아 있던 한국 과학의 불씨마저 꺼뜨렸고, 이 땅의 과학기술 발전은 또다시 기회를 놓치고 말았다.

그래도 우리에게는 기회가 왔다. 청일전쟁 이후 1881년 4월, 일본으로부터 새로운 문물과 제도를 배우기 위해 60여 명의 조사 시찰단을 보내면서 과학기술을 적극적으로 배워올 수 있었다. 이들은 약 4개월간 일본에 머물면서 일본의 정부 기관이 담당하는 사무를 시찰하고 산업과 군사 시설, 그리고 도서관과 박물관, 학교와 군대, 공장까지 시찰하면서 보고서를 작성했다. 그러나 시찰단 일

* 박성래(1982), p.49

일본에 노벨과학상이 많은 진짜 이유

원들은 자신들의 임무가 정확히 무엇인지 본인들조차 인지하지 못한 채 일본으로 향했고, 목적과 목표가 뚜렷하지 못하다 보니 과업을 달성하지 못하고 돌아왔다. 여행하는 선비들이란 의미의 신사유람단(紳士遊覽團)이라는 이름도 그다지 무게감이 없어 보인다.

유학생은 일본에만 보낸 것이 아니다. 조선도 급변하는 19세기의 국제 정세를 눈치 채고는 청나라에 영선사(領選使)라는 사찰단을 보내 화약과 탄약 제조법을 비롯해 전기, 화학, 제련, 기계학 등의 과학기술을 배워오도록 했다. 이때가 1881년 9월이다. 그러나 69명의 기술 훈련생들은 소정의 훈련을 받지도 못한 채 흐지부지 돌아왔다. 그나마 유학생을 인솔했던 김윤식이 천문, 지리, 수학, 물리, 화학 등 중국이 번역한 각종 서양의 과학기술 서적 53종을 수입해 온 것이 다행인 정도였다.

일본으로 간 조사 시찰단도, 청으로 간 영선사도 유학생들의 마음가짐도 문제가 있지만 정비되지 않은 조직과 체재비 조달의 어려움, 그리고 무엇보다 바로 다음 해 임오군란(1882)이 일어나면서 국내 정치가 불안해지자 학업을 계속하는 것이 불가능했다. 조선 사회에 위정척사운동이 번지면서 서양을 침략 세력으로 규정하여 개화를 반대하는 분위기가 조선 사회를 지배하였기 때문이다.

1882년부터 미국을 시작으로 서양과 수호 조약을 맺으면서 조선에는 또다시 서양의 과학기술이 들어올 수 있는 기회가 늘어났다. 1883년에는 조선 최초로 미국을 비롯해 유럽까지 시찰하고 돌아올 수 있는 보빙사(報聘使)를 파견했다. 미국은 이들을 국빈으로 대우했고 체스터 A. 아서 대통령을 방문하는 등 세계 최강 미국과의 외교 관계를 맺을 수 있었다. 일행 중 유길준은 그대로 남아 조선인 최초의 유학생이 되기도 했다.

그러나 다녀온 결과로 얻은 열매는 무엇일까? 일행 중 한 명인 최경석이 미국 농무성의 협조하에 '농무목축시험장'을 시작해 개량 품종과 더불어 우유와 치즈, 버터 등 낙농업을 계획했지만 1886년 그가 사망하면서 더 이상 계보가 이어지지 못하고는 멈추어 버렸다. 게다가 보빙사로 다녀왔던 주요 인물들이 갑신정변(1884)에 참여했다가 개혁이 실패하자 조선 왕조는 그 대가로 보빙사의 기록물을 모두 불태워 버리고 말았다. 결국 우리 손으로 기술을 습득하지 못한 결과 전기, 통신, 광산, 철도 등 대부분의 시설은 모두 외국 기술자들에 의해 진행되었고, 조선인들은 저렴한 노동력만 제공했을 뿐이다.

오늘날도 비슷하다. 중국 유학생들은 기술을 배운 후 중국에 돌아가 기업을 세우려 하고, 일본 유학생들은 유학을 필드 리서치에 필요한 곳일 뿐이라고 생각하고 있지만, 한국 학생들의 유학 목적은 교수나 고위급 공무원이 목적이지 손에 기름을 묻히려고 하지 않는다. 이러한 배경으로 조선은 외부로부터의 자극도 동기도 얻기 어려운 가운데 일부 호기심 많은 개인들의 자발적 노력만으로 기초과학의 디딤돌을 놓아야 했다.

근대식 교육 제도 역시 우리가 계획하고 만든 게 아니다. 1885년 알렌(Horace Allen, 1858~1932)이 광혜원이란 한국 최초의 서양식 국립 병원을 세워 한국 학생 16명에게 의학을 가르쳤다. 1885년 입국한 언더우드(H. Underwood, 1859~1916)가 이 학교에서 물리학과 화학을 가르쳤고 이것이 지금 연세대의 전신이다. 아펜젤러(H. Appenzeller, 1858~1902) 선교사도 이때 입국해 배재학당(1885)을 세웠고 일본의 동경대학 초창기처럼 영어로 수업을 진행했다. 이때 영어가 앞으로 세계의 언어가 될 것이라고 확신한 이승만이 배재학당에서 공부했다. 그리고 배재학당은 오늘날 필자가 재직하고 있는 배재대학의 뿌리가 되었다.

1896년부터는 독립협회의 활동으로 조선은 서양의 과학기술을 받아들이기 시작하고 전통사회의 비합리적인 폐습을 과학으로 극복하자면서 미신타파에 앞장섰다. 이들은 당시의 식민지 열강의 국제 환경을 사회진화주의(Social Darwinism) 입장에서 파악하고 있어서 서구 열강의 제국주의는 자연적 현상을 이해하고 이 경쟁 세계에서 적자가 되어야만 생존할 수 있다고 가르쳤다.

백제의 성현 왕인 박사가 일본에 건너가 논어 10권 천자문 1권을 전해준 것이 285년이다. 그래서 일본에서는 왕인 박사를 일본 문화의 시조라고 숭앙하고 있다.

우리는 가끔 옛이야기로 스스로를 위로한다. 백제 문화가 없었다면 아스카 문화도 없었을 것이고, 임진왜란 이후 12차례에 걸친 통신사 사절단이 일본에 가지 않았다면 일본의 근대화는 이루어지지 못했을 뿐만 아니라 1853년 미 페리제독의 함포 외교에 속절없이 무너져 미국의 식민지 지배를 받았을지도 모른다고. 그렇지만 이런 식의 '나 때는 말이야'를 언급하는 건 참으로 초라해 보일 뿐이다. 지금이 중요하다.

이제 대한민국은 누리호 시험발사체 발사에 성공하면서 IT 강국에 이어 우주 강국의 꿈에 한 발 다가섰다는 평가를 받고 있다. 누리호가 개발된 것은 2021년 6월이지만 발사에 성공한 것은 2022년 6월 21일 16시였다. 나아가 올해(2023년) 5월 25일 18시 25분, 위성 궤도 진입에 성공하면서 이제 대한민국은 위성 발사 능력을 입증한 전 세계 7번째 국가가 되었다. 누리호 KSLV-Ⅱ는 엔진과 연료탱크, 그리고 조립 등 발사체 제작 전 과정을 우리의 독자 기술로 국내 300여 기업이 참여해 개발하였다. 이제 다음 목표로는 한국 기술로 달 착륙을 성공시키는 것만 남았다.

작년에는 강원도 정선군 예미산 지하 1천 미터에 세계 6번째 규모(면적 기준)의 지하실험연구시설인 예미랩을 준공(2022. 10. 5.)했다. 4년 만에 건설된 지하실험실 예미랩이 완성되면서 이제 우리나라도 암흑물질을 탐색하고 중성미자 미방출 이중베타붕괴 등 우주의 근원을 탐구하는 연구가 가능해졌다. 일본이 가미오칸데 시설에서 두 명의 노벨물리학상을 배출한 것을 뒤돌아 보면 예미랩에서의 연구를 통해 향후 노벨물리학상의 수상 가능성을 예측해 볼 수 있다. 사실 특정 기초과학 분야에서는 대형 연구시설이 연구 성과에 필수적이다. 그런 점에서 볼 때 예미랩을 비롯하여 대형 가속기 등 첨단 연구 시설에 대한 투자는 상당한 의미가 있으며, 우리나라의 과학 발전에 분명 큰 힘을 발휘할 수 있도록 안내할 것이다.

기초과학분야에서도 한국이 언제나 일본에 뒤처져 있는 것은 아니다. 최근(2023. 10. 25.) 『Nature』에서는 일본 과학이 더 이상 세계 최강이 아니라는 경고성 메세지를 남겼다. 2019년에서 2021년 사이 일본의 과학 논문 편수는 중국, 미국, 인도, 독일에 이어 세계 5위에 랭크되었고 한국은 8위로 뒤처져 있지만, 논문의 질에 있어서는 이야기가 달라진다. 상위 10% 급의 논문 편수로만 살펴보자면, 역시 2019년에서 2021년 사이 일본은 한국의 10위 보다 뒤처진 13위로 밀려났다. 밀려난 이유에 대해 여러 평계가 있겠지만 일본 정부의 연구비 축소를 첫번째 원인으로 파악하고 있다. R&D 연구비 예산 축소가 기초과학을 움츠리게 만들고 있다는 것을 여기에서도 증명하고 있다.

메이지 시대 유행어가 있다.

"싸움에서 지는 것은 분한 일이지만 승자에게 배우지 못하는 것은 부끄러운 일이다."

한국인들은 매년 10월만 되면 어떤 나라의 어떤 학자들(평화상의 경우 단체도 포함)이 노벨상 수상자 명단에 포함되는지에 대해 관심을 집중한다. 특히 이웃 나라 일본의 노벨상 수상은 아직까지 한 번도 기초과학 분야에서 노벨상 수상 경력이 없는 우리나라에는 분명 큰 자극제이다. 그렇지만 노벨상 수상이 곧바로 국력의 차이를 의미하는 것이 아니니 일본이 수상자를 낸다 해서 몸살날 필요는 없다.

거듭 강조하지만 우리나라는 일본과 과학기술의 출발선이 다르기 때문에 매달 수가 적다고 자존심 상할 필요는 없다. 그러나 그렇다고 가만히 있는다고 해서 과학기술이 저절로 진보하는 것은 아니다. 이제부터는 양에서 질로 전환해야 할 시점이다. 누군가에게 보이기 위한 탁상행정이 아니라 실행 가능성 높은 제도의 정착이 중요하다. 시간을 두고 마스터플랜을 만들어 지속 가능하며 일관성 있는 정책과 제도를 만들어 나가야 한다. 일본은 적어도 단기간에 걸친 국책 사업이나 행운으로 기초과학의 토대를 마련한 것이 아니라 적어도 170여 년 이상의 시간이 축적된 결과가 노벨상 수상으로 이어졌다는 점을 기억해야 한다.

지금부터라도 과학기술에 대한 투자와 이공계를 기피하는 국민의식 등이 개선된다면 가능성은 점점 커질 것이다. 그리고 그 가능성은 국가와 기업, 그리고 연구자가 일체된 모습을 보일 때 빛이 날 것이다.

사실 우리가 겪는 대부분의 실패는 우리의 능력 부족이 아니라 지속성의 부족에서 오는 것이다. 정부도, 관료도, 국민도 조급해하지 말고 기다려야 한다. 대한민국이 물리학에 대한 깊은 인식과 화학의 신비로움을 깊이 파고들 수 있는 환경이 되고, 나아가 과학자들이 꾸준히 한 가지 주제로 연구 성과를 만들어 낼 때까지……

참고 문헌

강철구(2021), "일본의 반도체 및 디지털 산업의 현황과 전략", 사회과학연구, 43권

강철구(2020), "일본의 과학기술정책과 4차 산업혁명의 남은 과제", 사회과학연구, 42권

고대승(1998), 「원자력기구 출현과정과 그 배경」, 김영식·김근배 엮음, 『근현대 한국 사회의 과학』, 창작과비평사

곽재원(1997), 『21세기를 향한 일본의 과학기술 정책』, 한송

고토 히데키(허태성 역, 2016), 『천재와 괴짜들의 일본 과학사』, 부키

김규판(2021. 11.), "일본의 경제안전 보장전략 추진 현황과 시사점", KIEP『오늘의 세계경제』

김한상(2008), 『조국근대화를 유람하기』, 한국영상자료원

다나카 고이치(2004), 『일의 즐거움』, 하연수 옮김, 김영사

루시오 외(2021), 『대항해시대의 일본인 노예』, 산지니

박기범 외(2022). "대학 구조개혁과 이공계 대학원 혁신의 연계방안", STEPI 정책연구 2022-15.

박상표(2008), 『조선의 과학기술』, 현암사

박성래(1882), "동양에서의 서양과학 수용", 과학과기술, no. 162

비피기술거래(2017), 『과학분야에서 일본 노벨상수상자가 많은 이유는 무엇일까?』, 비티타임즈

야마모토 요시타카(서의동 역, 2019), 『일본 과학기술 총력전』, 에이케이커뮤니케이션즈

여환진(1988), "일본 과학교육의 변천-과학교육사상 중심으로-", 과학교육연구지 vol. 12

오미고지(성윤아 역, 1996), 『과학기술 입국의 길』, 한국경제신문사

전유정, 차두원(2011. 12.), "주요국 연구기관의 블록펀딩(Block Funding) 지원 동향 및 시사점", KISTEP, Issue Paper

최연구(2021), 『과학기술과 과학문화』, 커뮤니케이션북스

최해옥(2017. 3.), "일본의 과학기술혁신정책과 추진체계 특징", 과학기술정책 제27월 제3호

최해옥(2021. 10.), "글로벌 기술 패권에 대응하는 일본의 전략 및 시사점", STEPI Insight vol. 280

経済産業省(2021. 6.), "半導体・デジタル産業戦略(概要)"

経済産業省(2019. 6.), "第6期科学技術基本計画に向けた提言", 科学技術・学術審議会, 国際戦略委員会

経済産業省(2022. 3.), "戦略物資・エネルギーサプライチェーン対策本部(第1回) ―ウクライナ情勢を踏まえた緊急対策―"

経済産業省(2022. 5.), "ファクトシート：日米商務・産業パートナーシップ(JUCIP) 閣僚会議"

內閣府(2021. 3.), "第6期科学技術・イノベーション基本計画"

內閣府(202.), "科学技術・イノベーション基本計画(案)"

內閣府(2022), "特定重要技術の研究開発の促進及びその成果の適切な活用に関する基本指針"

防衛装備庁(2016. 11.), "安全保障技術研究推進制度について"

外務省(2015. 4.), "科学技術外交のあり方に関する有識者懇談会"

外務省(2021. 4.), "科学技術・イノベーション基本計画"

NHK取材班(2009), 『4つのノベル賞~発想の源泉 努力の軌跡~』, 日本放送出版協会

伊東乾(2008), 『日本にノベル賞が来る理由』, 朝日新聞出版

朝永振一郎(2000), 『科学者の自由な楽園』. 岩波書店

志村幸雄(2006), 『現代物理学をつくった人々』, 講談社

柴垣和三雄(1977), 『現代物理学をつくった人々』, 東京図書

立花隆・利根川進(1993), 『精神と物質』, 文春文庫

三浦憲一(1981), 『ノーベル賞の発想』, 朝日新聞社

海溪昇(1968), 『お雇い外国人概説』, 鹿島研究所出版会

일본 내각부 https://www.cao.go.jp/index.html

일본 리켄 https://www.riken.jp/about/data/index.htm

일본 문부과학성 https://www.mext.go.jp/

일본 수상관저 https://www.kantei.go.jp/

일본 위키피디아 https://ja.wikipedia.org/wiki/

Ministry of Education(1976), "Course of Study for Elementary Schools in Japan", Tokyo Ministry of Finance

William H. Forbis(1975), 『Japan Today: people, places, power』, Charles E, Tuttle

색인 ♦ 소개 페이지가 있는 인물은 해당 페이지로, 그 외 인물은 최초 등장 페이지로 안내한다.

일본에 노벨과학상이 많은 진짜 이유

일본에 노벨과학상이 많은 진짜 이유

초판 1쇄 발행일 2023년 11월 27일
지은이 강철구
펴낸이 박영희
편　집 조은별
디자인 김수현
마케팅 김유미
인쇄·제본 AP프린팅
펴낸곳 도서출판 어문학사
　　　　서울특별시 도봉구 해등로 357 나너울카운티 1층
　　　　대표전화: 02-998-0094 / 편집부1: 02-998-2267, 편집부2: 02-998-2269
　　　　홈페이지: www.amhbook.com
　　　　인스타그램: amhbook
　　　　페이스북: www.facebook.com/amhbook
　　　　블로그: 네이버 http://blog.naver.com/amhbook
　　　　e-mail: am@amhbook.com
　　　　등록: 2004년 7월 26일 제2009-2호

ISBN 979-11-6905-024-1(03300)
정가 16,000원

이 저서는 2023학년도 배재대학교 교내학술연구비 지원에 의하여 수행된 것입니다.